O SUCESSO
EXISTE EM VOCÊ

DNA DA MENTALIDADE

DESBLOQUEANDO O POTENCIAL DA SUA MENTE

EDITORA
CHAVE MESTRA®

EDITORA
CHAVE MESTRA®

Av. Marcos Penteado de Ulhoa Rodrigues, 1119 – Tamboré, Alphaville - SP,
Ed. Office Shopping Tamboré – Andar 21 – Sala Chave Mestra
CEP: 06460-040
@editorachavemestra
editora@editorachavemestra.com.br
Acesse: www.editorachavemestra.com.br

Título original em Português:
DNA Financeiro:

Direção editorial: Raquel Medeiros
Coordenação editorial: Bartira Costa Neves
Assistente editorial: Eloiza Andrade e Amanda Oliveira
Revisão: Tony R. de M. Rodrigues
Diagramação: Weslei Eugênio
Branding de capa: Izzo Medeiros
Projeto gráfico: Weslei Eugênio

O conteúdo desta obra é de total responsabilidade dos autores e não reflete necessariamente a opinião da editora.

Dados Internacionais de Catalogação na Publicação (CIP)

Vale, Rogério (Organizador)
V149 DNA da mentalidade: desbloqueando seu potencial da sua mente / Rogério Vale (org.) – Barueri, SP: Chave Mestra Editora, 2024. 248 p.: 16 x 23 cm

ISBN 978-65-5496-018-2

1. Negócios. 2. Finanças. 3. Desenvolvimento pessoal. 4. Liderança. 5. Sucesso nos negócios. 6. Finanças pessoais. I. Título.

CDD 158.1

DNA
DA MENTALIDADE

SUMÁRIO

APRESENTAÇÃO

Por meio de textos de 29 diferentes autores, *DNA da mentalidade* busca proporcionar aos leitores *insights* e aprendizados sobre como desenvolver sua mente para desbloquear todo o seu potencial e ter uma vida próspera e plena.

Ao compartilhar suas vivências, esses profissionais de diversos segmentos do mercado farão você mergulhar em histórias de resiliência, aceitação, persistência, decisão, superação e inovação. Além disso, cada autor contribui com sua perspectiva sobre como ativar e empregar sua eficiência mental e emocional para se livrar de contextos e padrões tóxicos, solucionar conflitos e encontrar as chaves para um *mindset* de crescimento.

O objetivo é que, ao atravessar essa leitura, você se conecte com seu propósito, consiga destravar todo o potencial de suas habilidades e competências (inter)pessoais e traçar metas claras para transformar suas ideias em ações e realidade.

Esta obra é um lembrete do valor do que há de mais humano em nós, o intelecto e as emoções, e da potência que há em desbravá-los, entendê-los, direcioná-los e aplicá-los de forma sábia e eficaz, para modificar hábitos e melhorar nossa realidade e a daqueles que nos cercam de forma saudável e benéfica.

Esperamos que os caminhos já trilhados e os aprendizados divididos pelos autores de *DNA da mentalidade* guiem você para educar seu cérebro e seu coração para atuarem conjuntamente, com empatia e mirando os mesmos alvos, para que esteja sempre preparado(a) para transpor as barreiras que se apresentarem, mudar a realidade que sentir que já não lhe cabe, confiar que tudo é possível e alcançar uma vida de equilíbrio e felicidade.

A mentalidade eficiente desenvolvida é imparável.

Vamos juntos navegar por esse mar de possibilidades?

Ótima leitura!

EDITORA
CHAVE MESTRA®

IDEC | INSTITUTO DE DESENVOLVIMENTO COMPORTAMENTAL

A FÚRIA
DOS REIS
MARTIN

ADEMAR BATISTA

Olá! Sou Ademar Batista. Nasci em São Vicente, no litoral de São Paulo, e atualmente resido na capital paulista. Sou *Master Coach* especialista em liderança, inteligência interpessoal e comunicação eficaz. Dedico a minha vida a ajudar pessoas para que alcancem seus resultados.

Minha jornada começou aos 30 anos, quando tive uma revelação poderosa: podemos ser muito mais do que imaginamos. Desde então, tenho canalizado minhas energias em contribuir com a evolução humana.

Neste livro, eu compartilho estratégias e *insights* que adquiri ao longo dos anos. Acredito que todos nós temos o poder de transformar a nossa vida em todas as áreas, simplesmente mudando os nossos comportamentos. Quando você entende isso e muda sua mentalidade, os resultados acontecem.

Desejo que você tenha muito sucesso!

ademarbatistaoficial

1 MUDANDO COMPORTAMENTOS: ESTRATÉGIAS PARA TRANSFORMAR HÁBITOS

Por Ademar Batista

1. Trilhando novos rumos

Em um mundo em constante mudança em que vivemos, os hábitos desempenham um papel importante em nossa vida. Desde as rotinas matinais até os comportamentos que moldam nossa carreira e nossos relacionamentos, os hábitos representam quem vamos nos tornar ao longo de nossa existência. No entanto, muitas vezes nos encontramos presos em padrões que não nos servem mais, lutando para implementar mudanças significativas em nossas vidas.

Este subcapítulo mergulha no mundo dos hábitos e explora as estratégias para transformá-los. Eu sou um grande exemplo disso. Com 30 anos de idade, eu ainda morava na casa dos meus pais, não tinha um carro, não tinha uma carreira, não tinha nenhuma formação acadêmica, estava perdido e fazendo escolhas que nunca me levavam a lugar algum.

Talvez você também esteja passando pela mesma situação ou conhece alguém que passa por algo parecido.

Ao entender como os hábitos são formados e mantidos, podemos desbloquear o poder de mudar a nossa vida para melhor.

Ao longo das próximas páginas, vamos conversar sobre por que os hábitos são tão difíceis de mudar e como podemos superar esses desafios. Desde a ciência por trás dos hábitos até as técnicas práticas para desenvolver novos comportamentos, há uma regra clara: não há a mínima possibilidade termos resultados grandiosos sem que a mudança em nosso comportamento esteja envolvida, desde melhorar a saúde até conquistar uma promoção no trabalho ou salvar o relacionamento.

Mudar o comportamento e desenvolver estratégias para adquirir novos hábitos é uma jornada de autoconhecimento e crescimento. Ao compreender o cenário atual de nossos hábitos e comportamentos, estaremos mais bem equipados para iniciarmos uma jornada de mudança.

Este é apenas o começo de uma jornada em direção a uma vida mais saudável, feliz e produtiva. Você está prestes a embarcar em uma leitura que mudará não apenas a sua mentalidade, mas também a sua vida por completo.

2. Desvendando os desafios da mudança

Apesar de nossas melhores intenções, muitos de nós lutamos para mudar hábitos.

O problema não está na falta de desejo de mudança, mas sim na complexidade dos mecanismos que regem nossos comportamentos. Ao tentar implementar mudanças significativas em nossas vidas, nos deparamos com uma série de desafios que parecem nos impedir de alcançar nossos objetivos.

Um dos principais obstáculos é a resistência à mudança. Nosso cérebro é programado para resistir a qualquer forma de desconforto ou incerteza, o que torna difícil abandonar padrões, mesmo que reconheçamos que estes não são benéficos. Além disso, muitas vezes não temos a percepção de que esses hábitos estão cada vez mais nos distanciando dos nossos objetivos.

Outro desafio comum é a falta de autodisciplina, pois mudar hábitos requer esforço contínuo e dedicação, e muitos de nós simplesmente desistimos quando enfrentamos contratempos ou dificuldades. A procrastinação e a falta de motivação também podem sabotar nossos esforços, levando-nos de volta aos velhos padrões, antes mesmo de darmos uma chance real à mudança.

Além disso, o ambiente em que vivemos desempenha um papel importante em nossos hábitos. Se nos encontramos cercados por estímulos que nos incentivam a comportamentos complicados, é muito mais difícil resistir a essas tentações e adotar hábitos mais elevados.

Quando eu decidi mudar a minha vida, a primeira preocupação que tive foi de identificar esses sabotadores e neutralizá-los, isso me trouxe mais foco e mais resultados.

Ao enfrentarmos esses e outros desafios, muitos de nós nos sentimos desencorajados e desamparados. Parece que estamos presos em um ciclo interminável de tentativa e erro, sem nunca conseguirmos fazer progressos significativos em direção aos nossos objetivos.

No entanto, é importante lembrar que a mudança é possível. Ao compreender os desafios que enfrentamos ao tentar mudar hábitos, podemos começar a desenvolver estratégias eficazes para superá-los.

3. Transformando hábitos negativos em oportunidades de crescimento

Mudar o comportamento é fundamental para alcançar o sucesso pessoal e profissional. Hábitos negativos são padrões repetitivos de comportamento que podem impedir nosso progresso. No entanto, ao entender a psicologia por trás desses hábitos e adotar estratégias eficazes, é possível transformá-los em catalisadores para o desenvolvimento.

O primeiro passo para transformar hábitos negativos é a **autoconsciência**. Isso envolve identificar os padrões de comportamento prejudiciais e reconhecer os gatilhos que os desencadeiam. Ao compreender as razões por trás desses hábitos, torna-se mais fácil implementar mudanças.

Substituir os hábitos negativos por comportamentos positivos: pode ser feito por meio de técnicas como a substituição de comportamentos, em que um hábito prejudicial é substituído por uma atividade mais construtiva. Por exemplo, se você tem o hábito de procrastinar, pode substituir esse comportamento por pequenas metas diárias e recompensar-se por alcançá-las.

Além disso, é importante estabelecer metas claras e mensuráveis. Ao definir objetivos específicos, é mais fácil acompanhar o progresso e manter-se motivado ao longo do processo de mudança de hábito.

É importante ser paciente consigo mesmo durante esse processo, mudanças duradouras exigem tempo, esforço e dedicação. É normal enfrentar contratempos ao longo do caminho, mas o importante é aprender com essas experiências e continuar avançando em direção aos objetivos estabelecidos e não esquecer de comemorar os pequenos avanços.

Nem sempre será fácil, na época em que estava buscando a mudança e tracei uma rota de estudos, deixei de sair para estudar, realizei um investimento alto na intelectualidade, hoje eu olho para trás e percebo que foi uma decisão assertiva e faria tudo novamente.

Tive uma tomada de consciência, no sentido de que, muitas vezes, precisamos dar um passo para trás para poder dar dois passos para frente.

4. Quatro estratégias para a mudança de hábitos

A mudança de hábitos é um processo desafiador que requer comprometimento, paciência e estratégias eficazes. Neste subcapítulo, trarei quatro estratégias que utilizei para alcançar os meus objetivos.

1ª) Visualização e planejamento estratégico

Antes de iniciar qualquer mudança de hábito, é fundamental visualizar o resultado desejado e elaborar um plano estratégico para alcançá-lo. Tire um tempo para imaginar como será a sua vida após a mudança de hábito. Visualize os benefícios que essa transformação trará para você. Em seguida, desenvolva um plano detalhado, dividindo o processo em etapas menores e definindo prazos realistas para cada uma. Nesse processo, quantas noites eu passei acordado criando o meu mapa de desenvolvimento Se deu certo para mim, com certeza também dará certo para você.

2ª) Identificação de gatilhos e criação de novos hábitos

Os hábitos são frequentemente acionados por gatilhos, que podem ser situações, emoções ou ambientes específicos. Ao identificar os gatilhos que desencadeiam o comportamento que você deseja mudar, você pode desenvolver estratégias para lidar com eles de forma mais eficaz.

3ª) Implementação de pequenas mudanças

Grandes mudanças geralmente são difíceis de manter a longo prazo. Em vez disso, concentre-se em fazer pequenas mudanças. Por exemplo: se deseja adotar o hábito de fazer exercícios, comece com apenas 10 minutos por dia e aumente a duração e intensidade ao longo do tempo. Essa abordagem torna a mudança menos difícil e mais sustentável.

Eu não tinha o hábito de ler, consegui desenvolvê-lo lendo três páginas por dia, hoje leio dois livros por mês, aplico o que li e tenho resultados.

4ª) Cultivo de uma mentalidade positiva e de resiliência

A mudança de comportamento pode ser acompanhada por contratempos. É importante você não desistir e cultivar uma mentalidade de resiliência. Veja esses momentos como oportunidades de aprendizado e crescimento.

5. Seja uma fonte de inspiração.

A transformação de hábitos pode ser uma jornada desafiadora e solitária, mas é importante lembrar que não estamos sozinhos. Ao longo da história, inúmeras pessoas têm enfrentado e superado seus próprios desafios para mudar hábitos e alcançar seus objetivos. Suas histórias de sucesso são fontes inspiradoras de motivação e esperança para todos nós.

Ao ouvir ou ler sobre as experiências de pessoas que conseguiram transformar hábitos, somos lembrados de que a mudança é possível, independentemente dos obstáculos que enfrentamos. Seja alguém que abandonou um vício ou alguém que perdeu peso e adotou um estilo de vida mais saudável, em meu caso, até os 30 anos não havia conquistado nada sólido relativamente, nada grandioso, e observava que muitas pessoas conquistavam grandes êxitos, não desistiam, iam até o fim e se tornavam referência para outras pessoas.

Essas histórias nos mostram que o poder da determinação e da vontade podem superar até mesmo os desafios mais difíceis. Além disso, os modelos de comportamento ao nosso redor podem nos inspirar a fazer mudanças em nossas próprias vidas.

Deixe-me lhe fazer três perguntas: quem são as suas fontes de inspiração? Quem são as suas referências de sucesso? Quem são as pessoas que o(a) impulsionam para o seu objetivo principal e bem definido?

É fundamental você modelar as pessoas que você admira e estudar o que elas fizeram para chegar lá. Com certeza, quando você mudar os seus comportamentos, transformar os seus hábitos e ter resultados, você se tornará fonte de inspiração para as pessoas. Cada passo dado, cada desafio superado nos aproxima mais do nosso resultado.

Este é apenas o começo de uma história extraordinária que você está construindo.

O melhor está à sua espera.

Seja firme, seja resiliente, afinal, mudança de hábitos não é fácil.

Ademais, a vitória nunca está no começo, tudo faz parte de um processo.

O importante é nunca desistir.

Quanto maior for a sua capacidade de transformar os seus hábitos, maior será a possibilidade de você mudar a sua vida.

Ademar Batista

ALAN DE LIMA

Muito prazer! Sou o Alan de Lima, tenho 33 anos, sou brasiliense e naturalizado na Bahia. Eu me formei em Administração de Empresas, sou sócio fundador da Se7e Finanças e especialista no mercado financeiro, na área de seguros e investimentos. Hoje, dividirei com você os princípios que me tornaram um colecionador de metas ao longo da minha jornada profissional, que pavimentaram o caminho para eu conquistar quatro prêmios nacionais, três reconhecimentos internacionais no meu setor e inspiraram os mais de 300 liderados que tive nos últimos 15 anos.

Afirmo que, no acertar das contas, só podemos ter um entre dois sentimentos, o de orgulho ou o de vergonha. Nesse sentido, quero ajudá-lo(a) a honrar sua própria história pelo atingimento dos seus objetivos, de forma tangível e prática.

alandelima_

alan@se7efinancas.com.br

2 PENSE COMO UM COLECIONADOR DE METAS

Por Alan de Lima

Eu tinha tudo para dar errado: nasci na periferia, filho de pais semianalfabetos, morando em um barraco de madeira, fui o segundo filho, sendo que o primeiro morreu aos dois anos de idade, quando eu tinha um mês de vida. Eu era cercado de escassez e calamidade, mas, a visão de para onde iríamos foi maior que a lamentação de onde estávamos. Meus pais – meus maiores mentores –, baianos que vieram se aventurar na cidade grande, acreditavam que, com trabalho digno, economia do pouco que ganhassem e excelência naquilo que se dispusessem a fazer, conquistariam o que quisessem, e assim foi. Meu pais conseguiram o pé-de-meia, regressaram para a Bahia, compraram uma casinha e um Jeep Willys (isso era ser bem-sucedido para a cidade onde morávamos).

Obstinados em me tornar maior que eles, fui estimulado a estudar muito, a falar em público nas apresentações de escola e igreja e a fazer amizade por onde passava. Vendi pão na rua com minha irmã (cinco anos mais jovem que eu), vendi pastel em porta de escola e, aos quinze anos, tornei--me locutor da rádio local. Era o meu auge. De locutor, estabeleci amizade com o dono da rádio – que era prefeito da cidade. Dois anos depois, assumi a tesouraria da prefeitura, em que fiquei por dois anos. Por interagir com o banco que atendia o município, fui convidado a ser bancário, estive por quatro anos em agências, vendendo, liderando e sendo promovido inúmeras vezes. Conheci uma seguradora parceira, migrei de carreira, fui corretor autônomo, gerente formador de novos corretores, líder de parcerias com outras instituições financeiras, superintendente da companhia e, recentemente, fundei minha própria empresa, em uma sociedade com a maior corporação do mundo no segmento em que atuo. Não digo que já conquistei tudo que quero, mas claramente até aqui deu certo.

Não adianta romantizar, nós somos medidos, reconhecidos e tratados pelo que conquistamos. As metas ("os gigantes") existem para nos promover... Foi Golias que tornou Davi um famoso rei. Para alcançar quaisquer que sejam seus alvos, você precisará exercitar três pilares essenciais: conhecimento (de si, das pessoas e do ambiente), reputação da imagem (como você é visto(a) ao seu redor) e relacionamento estratégico (*network*). Eles serão plano de fundo do nosso papo aqui.

"Conhecimento é poder."

Sir Francis Bacon "[...] escreveu em suas *Meditationes Sacrae* (1597) que *Scientia potestas est,* que ele traduziria como 'conhecimento é seu poder'" (Conhecimento..., [*s.d.*], *on-line*). Quem tem mais conhecimento, tem mais oportunidades, mais influência e gasta menos tempo errando. Antes de conhecer qualquer coisa, conheça a si mesmo. Vamos partir da visão bíblica, em que Deus nos criou à imagem e semelhança de Jesus, ou seja, temos potencial de sermos idênticos ao homem mais sábio da história. Você possui algo de extraordinário, que o(a) torna incomum, que sempre atrai as pessoas e lhe rende elogios, isso é o seu dom. Pode ser sua comunicação, sua criatividade ou sua organização, por exemplo. Quando você liga seu dom ao que você pretende fazer profissionalmente, você descobre sua vocação, é o que chamamos de convergência. Se dom e vocação estiverem emparceirados, os processos fluirão melhor, pois você estará na sua zona de governo. Por outro lado, não negligencie seus *gaps*, certamente são eles que mancham suas virtudes quando não são controlados. Seus defeitos mais profundos geralmente são as atitudes de reação a momentos de pressão intensa ou de confronto, porque nós agimos como gostaríamos de ser, mas reagimos como de fato somos. Uma vez que você compreende seus dons, sua vocação e seus defeitos, fica mais fácil perseguir um objetivo, pois você passa a ter domínio próprio. Quem governa a si, é pronto para governar ao outro.

O segundo prisma de conhecimento está relacionado ao comportamento humano. Nascemos por meio de pessoas, vamos dividir todas as fases da vida com pessoas, a infância em casa, a formação no colégio, os expedientes no trabalho e, as vezes, a maioria dos anos em um casamento com uma pessoa. Como ser bem-sucedido em seus projetos sem entender como funcionam as pessoas? A chave para ir longe é encontrar ajudadores ao longo da jornada, e sua convivência com eles precisa ser recíproca. Pense em alguém que seja fundamental em sua vida, o que que, quando você faz, motiva essa pessoa? Quando dá atenção, quando presenteia, quando elogia ou quando você a ajuda em algo? Invista tempo entendendo como as pessoas ao seu redor gostam de serem tratadas e o faça, você conquistará "patrocinadores" para o seu sucesso.

O terceiro aspecto de conhecimento que quero lhe propor é o conhecimento técnico daquilo que você está fazendo. Estamos em constante f5, quem era especialista em algo há cinco anos e não se atualizou de lá para cá, já é retrógrado. Com acesso à *internet*, ninguém se destaca mais só com o talento, é necessário conhecer bem sua profissão, as oportunidades e as ameaças que a cercam, o mercado em que atua e largar à frente dos demais. Observe que, os profissionais e as empresas bem-sucedidos, que cresceram e se tornaram referências, não pararam no tempo, se aperfeiçoaram. A propósito, qual o último investimento em leitura, curso ou mentoria que você realizou?

Comecei dizendo que conhecimento é poder, mas corroboro dizendo que conhecimento sem aplicação é tolice. Seus diplomas na parede, os livros em que passou marca-texto e as horas-aula de congresso não valerão nada se não forem implementados em sua rotina. O nome disso é disciplina, e disciplina somada a conhecimento tornarão você singular por onde for.

Como você quer ser visto(a)?

Dia desses, fiquei revoltado por entrar no aplicativo de viagens e ver que minha avaliação estava em 4,6 estrelas. Como assim, o que eu fiz para isso? Certamente, eu não fui educado como deveria, deixei um lixo no banco, a janela aberta ou simplesmente o motorista não foi com minha cara. Fato é que algo eu fiz que não causou uma boa impressão. A vida é assim, nossa reputação é construída pelas impressões que o mundo tem de nós. Assim, listei aqui pontos que você pode considerar na construção de uma imagem que transmita credibilidade e respeito.

- **Linguagem corporal:** a Universidade da Califórnia aponta, por meio da Fórmula de Mehrabian, que 55% do que você comunica é linguagem não verbal, por meio do seu semblante, da sua postura, dos movimentos do seu corpo etc. (Senna, 2023, *on-line*). Atente-se como e com qual velocidade você anda, se senta e se move nas interações com as pessoas. Cuidado com os olhares, os sorrisos e as expressões faciais, eles podem falar por você.

- **Oratória e comunicação:** tudo pode ser dito, desde que no tom, da forma e com as palavras certas. Preocupe-se mais em como o outro precisa ouvir para entender do que em como você gostaria de falar. Não faça rodeios, seja objetivo(a), contextualize os fatos para ser compreendido(a) e entenda que, se houver ruídos na comunicação, é sua responsabilidade voltar e alinhar as expectativas. Falar bem não tem nada a ver com falar muito, então seja ponderado(a). Comunicar é tornar comum, não se esqueça de ouvir o outro para validar se você foi efetivo(a) no que desejou dizer. Nem sempre é possível concordância, mas uma comunicação assertiva resulta em acordos.
- ***Dress code:*** sua agenda é o que define sua vestimenta. Esteja adequado(a) ao ambiente e à intenção de imagem que deseja transmitir. Evite extravagâncias, ter personalidade é uma coisa, ser caricato(a) é outra. Vestir-se bem não está condicionado a ter peças caras, use roupas e calçados limpos, bem passados e ajustados ao público com que você está interagindo. Se para o médico traduzir credibilidade e higiene ele usa branco e, se para o policial impor respeito requer a farda, para você, certamente, o traje alinhado elevará o valor.
- **Posicionamento nas redes sociais:** quando você posta algo, você está tornando aquilo público e, automaticamente, está sujeito(a) a opiniões e julgamentos (que nem sempre serão verbalizados). Se eu só posto coisas de trabalho, serei rotulado de *workaholic*, se eu só posto o vinho de que gosto, acharão que sou um viciado. As fotografias nem sempre representam o filme que vivemos, então, seja intencional, dê acesso às pessoas somente ao necessário, sabendo que – para elas – você é o que você posta.

Nós já aprendemos que dependemos das pessoas, logo, a opinião delas tem sim relevância para alcançarmos o que desejamos, obviamente respeitando nossa integridade, nossos valores, a verdade de quem somos, sem desafixar os olhos de aonde queremos chegar.

Você é a média das pessoas com as quais convive.

O ciclo de pessoas em que você está inserido será determinante para a formatação da sua mentalidade, para a definição das suas metas e para o atingimento ou não delas. Um amigo advogado era fã do Harvey Specter, da série televisiva *Suits*. De tanto ele falar, eu assisti e me tornei igualmente fã. Em quantas outras coisas nossas companhias podem influenciar nossos gostos e nossas decisões?

São pessoas que abrem e fecham portas, sabemos disso. Trate todos bem, o estagiário de hoje pode ser o CEO de amanhã. Respeite hierarquias e posições, mesmo que você não concorde, as experiências daquela pessoa a colocaram lá e, se não for uma ocupação legítima, não se sustentará.

A oportunidade da sua vida está a três pessoas de você: você conhece alguém que conhece outro alguém que se relaciona com a pessoa que vai "favorecê-lo(a)". Network tem como tradução trabalhar as conexões. Crie relações e use delas em prol dos seus objetivos, isso não é ser interesseiro, é ser interessante, pois você também se preocupará em fazer o que motiva as pessoas em sua volta. Napoleon Hill chama isso de mente mestra, que é quando fazemos com que as pessoas trabalhem como realizadoras dos nossos ideais (Hill, 2014; Andrada, [*s.d.*], *on-line*).

Talvez você tenha iniciado este capítulo esperando uma fórmula mágica e não a achou. Alcançar o sucesso não depende de segredos milagrosos, basta fazer o simples bem feito. Digo mais: o atingimento dos nossos objetivos sempre estará atrelado às pessoas, o resultado é sempre um retorno de como elas transitam em nossas vidas.

Por fim, guarde um conselho: ninguém se torna algo ou conquista grandes feitos de uma hora para outra, então respeite os processos e o tempo. Divida as grandes metas em pequenas tarefas, nenhum atleta alcança alta performance em um treino só. Fracione a meta por anos, meses, semanas, dias. Comprometa-se consigo mesmo(a) e, no apagar das luzes, você terá orgulho do que viveu.

(Referências ao final do livro.)

Ninguém se torna algo ou conquista grandes feitos de uma hora para outra, então respeite os processos e o tempo.

Alan de Lima

ALANA CARVALHO

Prefiro narrar minha vida do presente para o passado, pois é no agora que estou viva, com toda a minha bagagem de experiência e autoconhecimento acumulados. Pois bem, eu sou Alana Carvalho, terapeuta integrativa. A dedicação que tenho com o meu trabalho hoje me permite dizer e sentir o trabalho de forma diferente. Ele é leve, é parte de mim. Mas houve uma longa trajetória para chegar a esse ponto no qual estou hoje. Abri mão de ser médica veterinária e hoje não me arrependo, aliás, sou grata a essa profissão tão humana. A empatia e a compaixão pelos animais ensinaram-me a ver o ser humano de forma integral. Hoje, sou psicanalista, hipnoterapeuta, reprogramadora mental e reikiana e, por meio dessas modalidades, realizo atendimentos terapêuticos personalizados para cada pessoa e situação.

alanacarvalhoterapeuta

https://www.alanacarvalho.com.br

3 UMA JORNADA DE DESCOBERTAS ENTRE A MENTE E A ALMA

Por Alana Carvalho

A diferença entre você e aquela pessoa bem-sucedida, que você admira, não está no dinheiro, não está na roupa, não está na estrutura de base. O que distancia você de tudo aquilo que você almeja ser, realizar, alcançar, obter e usufruir está na sua forma de pensar, na sua mente, está na sua **mentalidade**.

O termo mentalidade está entre as palavras que vêm ganhando popularidade e isso não é porque a palavra está na moda, é realmente devido à sua importância. Ela é uma força primária que atua causando alteração em nossas ações, crenças e perspectivas em relação a como vemos o mundo e como agimos nele. Ela tem o poder de influenciar como enfrentamos desafios, como reagimos quando fracassamos e, também, quando tentamos buscar oportunidades de crescimento. Uma mentalidade positiva e resiliente pode ser a diferença para alcançar os objetivos ou, na sua versão negativa, pode levar o indivíduo a ficar estagnado.

A mentalidade, muitas vezes, é considerada o alicerce sobre o qual construímos nossas vidas. Ela é um filtro pelo qual interpretamos experiências, enfrentamos desafios e perseguimos objetivos. Existem dois tipos de mentalidade: a fixa e a de crescimento. A diferença entre elas está na maneira como uma pessoa encara suas habilidades e seus desafios perante a vida. A mentalidade fixa acredita que as habilidades são rígidas e tende a evitar desafios, enquanto uma mentalidade de crescimento vê as habilidades como algo que pode ser desenvolvido com esforço e prática, abraçando os desafios como oportunidades de aprendizado.

Uma mentalidade de crescimento nos impulsiona a abraçar desafios como oportunidades de aprendizado, a persistir diante de adversidades e a cultivar uma visão otimista do futuro. No entanto, uma mentalidade fixa pode nos prender em padrões limitantes, impedindo-nos de alcançar nosso pleno potencial.

Em ambos os tipos de mentalidade, fixa ou de crescimento, pode surgir alguma insatisfação ou até mesmo o sentimento de incompletude. Quando alguém não se contenta com as respostas comuns para perguntas sobre a vida ou com a maneira como as coisas são organizadas no mundo, pode sentir uma motivação interna por buscar explorar diferentes pontos de vista e buscar respostas além do que é imediatamente evidente. Esse desejo de entender mais profundamente a vida, o propósito e a existência pode levar a uma jornada espiritual em busca de significado mais profundo e conexão com algo maior do que si mesmo(a).

Um problema de ter uma mentalidade fixa pode surgir quando a forma como uma pessoa pensa, sua mentalidade, entra em conflito com princípios espirituais ou valores. Por exemplo: supondo que alguém tenha uma mentalidade muito rígida, essa pessoa acredita que as coisas devem ser sempre do seu jeito e que não há espaço para mudanças ou novas ideias. Portanto, apesar da incompletude do ser, ele(a) não consegue conceber a ideia de buscar algo além de si mesmo(a) e do que acredita.

Quando uma pessoa se depara com ensinamentos espirituais que enfatizam a importância da abertura para novas experiências, do crescimento pessoal e da aceitação das diferenças, que são características de uma mente mais flexível, pode haver um conflito interno. Essa pessoa pode resistir a adotar esses ensinamentos espirituais, pois isso implicaria desafiar suas crenças arraigadas e sua maneira de ver o mundo.

Enquanto a mentalidade influencia nossas percepções, crenças e ações no mundo físico, a espiritualidade, o chamado da alma vincula-nos ao transcendente, ultrapassando as barreiras da mente e do corpo. Nessa jornada de autoexploração, investigamos como a integração equilibrada desses dois elementos pode provocar um crescimento interno significativo.

O termo espiritualidade é mais amplo do que parece, e não precisa ter nenhuma conotação religiosa, como é comumente confundido. É a busca por significado, propósito e conexão com algo maior do que nós mesmos, abrangendo questões de transcendência, valores, bem-estar emocional e relacionamentos interpessoais.

Espiritualidade pode ser entendida como o conjunto de crenças e ações que trazem vitalidade e significado aos eventos da vida. É a propensão humana para o interesse pelos outros e por si mesmo(a). Ela atende à necessidade de encontrar razão e preenchimento na vida, assim como a necessidade de esperança e vontade para viver.

Aos estudiosos que possuem características de uma mentalidade flexível ou aberta à flexibilidade, a espiritualidade é o chamado da alma, a busca pela conexão com algo maior do que nós mesmos(as). É uma jornada de autoconhecimento e transcendência, na qual exploramos os mistérios do universo e a natureza essencial da existência. A prática espiritual convida-nos a mergulharmos nas profundezas do ser, a confrontarmos nossas sombras e a despertarmos para uma realidade além das aparências. É por meio da espiritualidade que cultivamos compaixão, gratidão e amor incondicional, nutrindo nossa essência mais profunda.

Aqui está um ponto crucial sobre a espiritualidade: a negação. Não negamos a espiritualidade em si, prova disso são os centros religiosos, que abordam com maestria a transcendência do ser e a crença em algo maior do que a si mesmo(a). Mas aqui existe um fator limitante. O ser humano só quer ir até onde ele e a própria consciência de si considerarem que é seguro.

O que não costumamos presenciar em uma religiosidade é o processo conhecido como enfrentar a própria sombra. Mas o que isso de fato significa e quais os desafios e benefícios em se enfrentar a tal sombra?

Explorar as sombras do ser humano é o processo de investigar e confrontar os aspectos mais desconfortáveis, obscuros e muitas vezes reprimidos da mente humana. Isso envolve examinar e reconhecer os pensamentos, os sentimentos, os impulsos e os padrões de comportamento que normalmente são ignorados, negados ou ocultos da consciência.

Esse trabalho interior, em vias gerais, envolve confrontar medos, traumas, complexos emocionais, aspectos negativos da personalidade e outras áreas de desconforto psicológico. Ao fazer isso, as pessoas conquistam uma compreensão mais profunda de si mesmas, promovendo o crescimento pessoal, a cura emocional e a integração psicológica. E aqui é o ponto onde unimos mentalidade e espiritualidade, mente e alma.

Aqueles que adotam a mentalidade de crescimento, seja de competência nata ou adquirida, encaram desafios como oportunidades de desenvolvimento, estão abertos ao *feedback* e veem o fracasso como uma parte natural do processo de aprendizado.

Cultivar uma mentalidade de crescimento envolve autoconhecimento, prática de estudos, buscas individuais e uma mudança de perspectiva em relação às próprias habilidades e ao potencial de crescimento pessoal, ou seja, você precisa ser o(a) primeiro(a) a dizer a si mesmo(a) o que é capaz de alcançar e traçar esse caminho. Esperar que algo ou alguém o(a) direcione está na contramão de buscar e desenvolver a mentalidade que o(a) levará à alta performance. Essa abordagem promove um ambiente de aprendizado contínuo, contribuindo para o sucesso pessoal e profissional a longo prazo.

Cultivar uma mentalidade espiritual não é apenas uma questão de teoria, mas sim de prática diária. Envolve a integração de práticas contemplativas, como meditação e reflexão, em nossa rotina, bem como a aplicação dos princípios espirituais em nossas interações cotidianas. É um processo contínuo de autotransformação, em que nos tornamos cada vez mais conscientes de nossos pensamentos, nossas emoções e nossas ações e procuramos alinhá-los com nossa verdadeira essência espiritual.

E quando você tomar a decisão de ter uma mentalidade de crescimento e de fato buscar ferramentas para crescer, automaticamente estará fortalecendo sua alma, sua espiritualidade, porque uma coisa está intrinsecamente relacionada com a outra. Aqui, você dá o primeiro passo em uma jornada de busca e integração entre mente e alma, entre mentalidade e espiritualidade. Essas forças convergem e se multiplicam, aproximando-o(a) cada dia mais da abundância e da prosperidade. Nesse ponto, o encontro com seu propósito torna-se inevitável.

Em última análise, a jornada de descobertas entre a mente e a alma é uma jornada de harmonia interior. É um convite para explorar as profundezas da mente e da alma, para transcender limitações autoimpostas e para abraçar a plenitude de quem realmente somos.

Ao integrar mentalidade e espiritualidade, abrimos as portas para uma vida de significado, propósito e conexão profunda com o universo que nos rodeia. Que possamos embarcar nessa jornada com coragem, curiosidade e um coração aberto, prontos para descobrir os tesouros que aguardam além do véu da mente.

Como forma de estimular você, querido(a) leitor(a), a apreciar o poder da sua mente (por meio da gratidão) e a grandeza de sua alma (por meio da compaixão), convido-o para estabelecer um exercício prático .

O diário da gratidão é um exercício simples, que fortalece a mente ao direcionar o foco para o positivo. Regularmente, geralmente pela manhã ou no final do dia, reserve um momento para listar pelo menos três coisas pelas quais você é grato(a). Ao escrever sobre essas experiências, grandes ou pequenas, você desenvolve uma perspectiva mais otimista, cultivando resiliência mental e promovendo um estado de espírito mais equilibrado e feliz.

Praticar a gratidão fortalece a mente, pois direciona o foco para o positivo, promovendo emoções positivas como alegria, contentamento e zelo pela vida. Além disso, essa prática pode ajudar a desenvolver resiliência mental, reduzir o estresse e cultivar uma mentalidade mais otimista e equilibrada. Precisamos de uma mente positiva e equilibrada para começar a materializar nossos sonhos e objetivos.

Um exercício para fortalecer a alma é a meditação da compaixão. Encontre um local tranquilo, respire profundamente e concentre-se em sentimentos de amor e compaixão. Deseje a si mesmo(a) e aos outros segurança, felicidade, paz e facilidade. Visualize uma luz calorosa envolvendo você e irradiando compaixão. Pratique regularmente, para cultivar sentimentos de bondade e conexão, promovendo paz interior.

Toda dor é uma mestra gentil e silenciosa. Ao aprendermos suas lições, ela se dissipa, dando lugar a uma jornada de felicidade e abundância.

Alana Carvalho

ALLEX GOMES

Sou Allex Gomes, nordestino natural de Maranguape/CE, nascido e criado no sertão. Atualmente, resido em São José do Rio Preto/SP, lugar onde conheci minha esposa, Beatriz Gomes, e constituí minha família, com dois filhos abençoados, Ana Luísa e João Vicente.

Sou empreendedor, investidor e especialista em vendas. Ao longo de minha carreira, meu foco sempre foi resolver um problema e vender a solução. Foi assim desde meu começo, como atendente de *telemarketing*, até os dias de hoje, como CEO do Grupo License, *holding* de empresas para quem busca empreender com franquias.

Dedico todo o meu crescimento a Deus e, principalmente, à programação de um *mindset* de sucesso em minha mente.

allexgomezfe
+55 (17) 98175-4420
Allex Gomes
expansao@licensesuafranquia.com

DNA
DA MENTALIDADE

4 O *MINDSET* DE SUCESSO: A PSICOLOGIA POSITIVA NO NEGÓCIO

Por Allex Gomes

Nascido no calor do sertão de Maranguape, Ceará, eu, Allex Gomes, trago em minha essência a resiliência das terras áridas e o calor humano do povo nordestino. Hoje, como empreendedor e CEO do Grupo License, compartilho como a psicologia positiva e um *mindset* voltado para o sucesso foram cruciais em minha jornada do Ceará para São José do Rio Preto/SP, onde construí minha vida familiar e profissional.

Desde pequeno, as adversidades do sertão ensinaram-me que cada desafio é uma oportunidade disfarçada. Meu primeiro emprego, como atendente de *telemarketing*, foi a porta de entrada para o universo das vendas e do atendimento ao cliente. Aprendi rapidamente que ouvir e resolver problemas eram habilidades valiosas. Cada não que recebia se transformava em combustível para aprimorar minhas técnicas e fortalecer minha determinação.

A transição de atendente para empreendedor não foi simples, mas foi alimentada por uma crença inabalável em minha capacidade de superar obstáculos e transformar sonhos em realidade. A psicologia positiva, que estuda como as pessoas florescem e prosperam, tornou-se um guia em minha vida. Adotar uma atitude positiva não apenas aumentou minha resiliência, como também me permitiu inspirar e liderar outros efetivamente.

O conceito de "fazer mais do que é pedido" sempre guiou meu trabalho. Não se trata apenas de superar expectativas, como também entender profundamente as necessidades dos clientes e surpreendê-los com soluções inovadoras. Essa abordagem gerou confiança e estabeleceu uma reputação sólida para o Grupo License no competitivo mercado de franquias.

Ao longo dos anos, investi não só em negócios, como também em meu desenvolvimento pessoal. Compreendi que o verdadeiro crescimento começa internamente. A programação de um *mindset* de sucesso envolve cultivar uma mentalidade de gratidão, foco e constante aprendizado. Cada dia é uma nova chance de ser melhor, não apenas como empresário, mas como marido e pai.

Minha esposa, Beatriz, e meus filhos, Ana Luísa e João Vicente, são meu suporte e minha inspiração. Juntos, compartilhamos os valores de trabalho duro e fé e a importância de dar de volta à comunidade. Esses valores não só moldam nossa família, como também a cultura do nosso grupo empresarial.

O *mindset* de sucesso que adotei e fomento em todos os aspectos da minha vida é alimentado por uma psicologia positiva que prioriza a resiliência, a solução de problemas e uma profunda crença nas capacidades humanas. "Faça mais daquilo que lhe é pedido e todas as coisas lhe serão acrescentadas" é mais do que uma frase de impacto, é um mantra que reflete a essência da minha abordagem empresarial e pessoal.

Não adianta apenas sonhar, é preciso visualizar em sua mente o impossível e dar o primeiro passo, mesmo que você não tenha os recursos necessários para isso. Muitas pessoas sonham em viajar o mundo, porém ainda nem tiraram o passaporte, outras querem ser empresários(as) de sucesso, mas não conseguem nem visualizar sua logomarca. O sucesso não acontece por acaso, ele deixa pistas, e a sua programação mental é o seu ímã.

Lembro-me perfeitamente de quando descobri esse poder e comecei a praticá-lo, foi como desbloquear uma parte do cérebro que estava adormecida pelas crenças limitantes que a sociedade impõe, isso mudou completamente a minha vida. Um exemplo foi quando eu decidi que teria um carro importado e, mesmo sem ter condições financeiras na época, o universo o trouxe até mim. O primeiro passo que dei para realizar esse sonho foi a mentalidade positiva de que aquele carro já era meu, então entrei no site da Mercedes Benz e vi que, no site, havia um simulador audiovisual pelo qual você podia ouvir e visualizar como era dirigir um carro da marca. Ali eu viajei em meus pensamentos e senti o primeiro gostinho de pilotar um carro esporte. É por meio dessas pistas que o seu *mindset* vai se moldando e a mentalidade positiva se torna um hábito, até a realização inesperada do seu sonho. Três meses depois, um Mercedes Benz C-180 foi jogado no meu colo, e eu senti uma profunda gratidão a Deus e uma sensação de alinhamento com as coisas boas que o universo pode transformar em minha vida.

Outra ferramenta poderosa de programação do *mindset* de sucesso para o seu negócio são as declarações. Quando repetidamente mandamos para o universo afirmações positivas, construímos um negócio do zero sem nenhum recurso. Lembro que, quando abri meu primeiro negócio, que faliu três meses depois, eu não tinha uma ideia clara de propósito e de por que eu estava fazendo aquilo, eu só queria abrir uma empresa e provar para a sociedade que eu era um empresário. Isso me sabotou de uma forma que eu me senti um fracassado e, para sair desse fundo de poço, eu tive novamente que exercitar a mentalidade positiva. Ao ler o livro *Os segredos da mente milionária* (2020), que para muitos pode representar um clichê, para mim foi um divisor de águas. Por meio dos exercícios de declarações e afirmações positivas, eu fui trazendo a minha mente de volta ao positivo e criei meu próprio método, que consistia em escrever as afirmações focadas no meu plano de negócios: "Construirei uma empresa sólida com o propósito de...", "Eu serei reconhecido pelo meu trabalho de...", "Meu sucesso financeiro será resultado de...".

Essas três afirmações foram a base para a construção dos meus sonhos empresariais e, a partir daí, fui dando os primeiros passos na construção do resultado.

Enquanto reprogramava a minha mente para a nova empreitada empresarial, resolvi investir em conhecimento. Comecei a buscar treinamentos e a afiar o machado com mentores, e quando eu falo mentores não estou dizendo que você tem que ser do mesmo *network* do Elon Musk, você só precisa se cercar de pessoas que estão um passo à frente de você e que não sejam negativas. Nos primeiros treinamentos de que participei, vi que eu ainda tinha muito o que aprender e que esse processo teria de ser constante. Somos levados a acreditar que, depois que conquistamos o sucesso, não precisamos mais de treinamentos ou palestras motivacionais, que somos autossuficientes, e esse é o pior erro que podemos cometer quando alcançamos o sucesso. Tudo que conseguimos construir e identificamos como sucesso foi graças a essa construção de ideias e experiências da jornada educativa. Não podemos parar de aprender. Você conhece alguém que se deu mal na vida por estudar demais? Ou alguém que foi prejudicado por participar de muitos treinamentos e palestras? Acredito que não conheça. Sempre temos algo novo a aprender, seja com experiências ou com pessoas que estão um passo à frente, então nunca pare de aprender, sua mente deve estar em um processo de melhoria contínua.

Para verdadeiramente abraçar um *mindset* de sucesso, é fundamental entender o papel da resiliência e da psicologia positiva no ambiente empresarial. Isso envolve encarar os fracassos não como reveses definitivos, mas como parte essencial do processo de aprendizagem e de crescimento pessoal e profissional.

Ao longo da minha carreira, enfrentei diversas situações desafiadoras, que testaram minha resiliência e minha determinação. Cada uma dessas experiências foi crucial para desenvolver a mentalidade que me acompanha até hoje. Por exemplo: após o fracasso do meu primeiro negócio, eu poderia ter desistido e aceitado que o empreendedorismo não era para mim. No entanto, optei por aprender com essa experiência, reavaliar minhas estratégias e persistir com uma nova abordagem.

A psicologia positiva também me ensinou sobre a importância do otimismo e da esperança. Esses elementos são essenciais, especialmente em momentos de crise ou incerteza. Manter uma visão otimista sobre o futuro permite que você veja além das dificuldades imediatas e se concentre em soluções a longo prazo, que beneficiarão tanto você quanto sua equipe. Tive a sorte de começar o Grupo License em meio à pandemia, e isso foi uma pós-graduação em resiliência, pois, enquanto o mundo empresarial estava paralisado, com medo do mercado financeiro mundial quebrar, eu simplesmente virei a chave e decidi que aquele seria o melhor momento das empresas do grupo.

Programei uma estratégia para cada empresa e implantei essa cultura em cada membro da nossa equipe: para nossa empresa de crédito Geo Credi BNK, a estratégia de que "todo mundo vai precisar de crédito, esse é o momento"; para nossa empresa de energia solar Power Mais, a estratégia de "redução de custo fixo por meio de energia sustentável"; para nossa empresa do agro, a Inter Rural, a estratégia "vamos fortalecer o agro, é o único setor que não pode parar".

Esses pensamentos estratégicos foram cruciais para a nossa alavancagem em meio à pandemia e provaram que o *mindset* de sucesso implantado corretamente no seu negócio é o melhor combustível para a prosperidade. É aquele velho ditado: "Enquanto uns choram, outros vendem lenços.". Aprenda a enxergar as soluções, problemas todo mundo tem e reclamar não vai ajudar em nada.

Além disso, é crucial criar uma cultura empresarial que valorize e promova esses princípios. Sempre cultivei um ambiente no qual cada membro da equipe é encorajado a pensar de forma criativa e inovadora. Valorizamos as contribuições individuais e acreditamos que o sucesso da empresa é um reflexo do sucesso de cada pessoa que dela faz parte. Isso não apenas melhora a moral e o engajamento da equipe, como também impulsiona nossa inovação e nosso crescimento.

Por fim, a gratidão desempenha um papel crucial em um *mindset* de sucesso. Ser grato não apenas pelas vitórias, como também pelos desafios e pelas pessoas que contribuem para o seu crescimento, reforça uma atitude positiva e um ambiente de trabalho saudável. Isso também incentiva uma cultura de reconhecimento e apreciação, que pode ser extremamente motivadora para todos os envolvidos.

Essa combinação de persistência, otimismo, aprendizado contínuo e gratidão tem sido a fórmula para o meu sucesso e a base sobre a qual continuo a prosperar. Convido todos(as) que aspiram ao sucesso, seja no empreendedorismo ou em qualquer outra área, a considerar esses princípios como pilares de suas próprias jornadas.

(Referências ao final do livro.)

Faça mais daquilo que lhe é pedido, e todas as coisas lhe serão acrescentadas.

Allex Gomes

AMANDA CARVALHO

Sou Amanda Pereira Carvalho e resido em Goiânia/GO com a minha família: meu esposo, Renan Santana, e meus dois filhos, Miguel e Rafael.

Sou psicóloga clínica e especialista em neuropsicologia. Atendo há oito anos na prática clínica, realizando atendimentos presenciais em Goiânia e *on-line* com brasileiros que moram em diversos outros estados no Brasil e em outros países, tais como EUA e países europeus.

psiamandapcarvalho

+55 (62) 981672789

psiamandapcarvalho@gmail.com

DNA DA MENTALIDADE

5

O PODER DO PENSAMENTO: COMO TRANSFORMAR A SUA MENTE

Por Amanda Carvalho

Desde os primórdios da humanidade, filósofos e grandes líderes estudam sobre o poder do pensamento e como ele impacta a vida e a realidade das pessoas. Ele é uma força extraordinária, que permeia todas as áreas da vida, e é capaz de definir a realidade influenciando as ações do dia a dia e determinando a direção que a vida seguirá.

Em essência, o pensamento é uma energia psíquica que influencia diretamente o que você irá sentir, e o sentimento influenciará nas ações e decisões que irão direcionar o rumo da vida e determinar a realidade que você vive. Se o pensamento é negativo, logo um sentimento negativo aparecerá e irá buscar no arquivo de memória tudo o que precisa para ancorar e validar esse sentimento ruim, seja um acontecimento passado, algum medo ou trauma sofrido.

O pensamento, quando é negativo por muito tempo, torna-se perigoso, porque influencia em todos os aspectos, prejudica os relacionamentos, as realizações pessoais e afeta diretamente a saúde física e mental. Isso acontece porque ele altera a percepção da realidade, quando se concentra somente no que está errado, no que falta, nas falhas do passado, nos defeitos, e cria um ciclo vicioso de pessimismo, no qual cada situação da vida é interpretada pela lente do medo, da negatividade, da intolerância, diminuindo a autoconfiança e a autoestima.

Quando a negatividade toma conta dos pensamentos, a saúde fica vulnerável, o que pode desencadear diversas consequências, como o estresse crônico, que eleva os níveis de cortisol e pode enfraquecer o sistema imunológico. Isso acontece devido ao impacto emocional que o pensamento negativo tem nas escolhas de vida, nas decisões, nos medos, na dificuldade em lidar com as frustrações e no processo de autossabotagem. Isso leva as escolhas e decisões a serem pautadas em se esconder da vida, se proteger de pessoas, julgar o tempo todo e apontar erros. O medo, um dos maiores sabotadores da mente humana, desencadeia sucessivos pensamentos de como algo poderia dar errado e as dores que podem vir com tal escolha.

A dificuldade em lidar com as frustrações leva a não arriscar, não se permitir errar ou tentar novas possibilidades, novos lugares e que novas pessoas se aproximem. A autossabotagem desencadeia fracassos constantes na vida pessoal e profissional, sempre nos fazendo enxergar problemas e dificuldades em toda oportunidade que se mostra. Quando a mente só busca o que é negativo, ela irá encontrar diversos motivos, exemplos e lembranças negativas para impedir o progredir na jornada. Está aqui o grande problema: quem não consegue olhar para a vida com um pensamento firme de autoconfiança, positividade, resiliência e esperança, viverá frustrado(a), chateado(a), reclamando de tudo e de todos, buscando diversos motivos e pessoas para justificar o seu fracasso. Assim, a saúde física irá responder com elevada carga de estresse, que poderá desencadear somatizações do corpo e da mente.

Além disso, o pensamento negativo afeta os relacionamentos interpessoais. Se o pensamento está constantemente focado no que está errado, no julgamento e apontamento, resultará em uma pessoa crítica, ressentida e distante da interação e socialização. Isso pode diminuir a confiança, a intimidade e tornar o ambiente, seja ele familiar, de trabalho ou lazer em um ambiente hostil e conflituoso, o que prejudicará os laços mais preciosos.

Ademais, quando o pensamento é predominantemente negativo, pessimista, julgador e crítico, manterá a mente em um ciclo constante de infelicidade, tornando-o(a) prisioneiro(a) da própria mente, deixando de apreciar pequenas alegrias da vida e de cultivar a sensação de gratidão e contentamento. Você correrá, assim, o sério risco de viver um estado constante de insatisfação, buscando sempre o que falta sem nunca encontrar a paz e a verdadeira felicidade, que só tem um endereço: dentro da mente de cada um(a).

A mente utiliza o pensamento como uma lente para focar e concentrar a energia naquilo que ela precisa desenvolver e priorizar. Quando o pensamento é de sucesso, alegria e resiliência, a mente entenderá que precisa focar nesses pontos para o desenvolvimento do ser. Pensar é emitir um comando direto e preciso para que a mente foque e utilize todo o conteúdo que ela tem a respeito daquele pensamento para que alcance o objetivo. Por isso, é possível transformar a mente por meio do poder do pensamento.

O que faz com que o ser humano seja tão especial diante de todo o reino animal é a inteligência, a consciência e a capacidade de raciocinar, desenvolver um pensamento e analisar seus atos. Com certeza, essa é a maior dádiva do ser humano. Quando aprende e entende o poder que existe no pensamento, é possível transformar a realidade, por mais difícil e drástica que ela seja, na realidade desejada, ou a que o pensamento conseguir alcançar.

O pensamento cria as próprias limitações por meio das crenças negativas ou limitantes, aquelas que dizem que não é possível fazer algo ou que você não é capaz de alcançar alguma melhoria ou sonho. As crenças limitantes são visões equivocadas da realidade, devido a serem interpretadas com as emoções e afirmações, quase sempre negativas e que limitam ou impedem as possibilidades de desenvolvimento. Elas são adquiridas no decorrer da vida, com a educação recebida e as experiências vivenciadas. Por isso, romper as barreiras das crenças limitantes nem sempre será fácil e, para mudar o pensamento, será necessário esforço, força de vontade e dedicação.

Um grande exemplo são as crenças em torno da doença. Ao lidar com o adoecimento, automaticamente o pensamento vai de encontro às piores possibilidades, imergindo em um mar de dores, lamentações e dificuldades, logo, quanto mais pensamento negativo se produz em relação àquela doença, pior será o estado de saúde. Todos os comandos mentais passam a ser negativos e de medo, convidando a mente a focar cada vez mais na doença.

E a grande chave para essa transformação está na consciência dos pensamentos e padrões mentais. Ao se tornar consciente das situações que estão sendo vividas e dos pensamentos que estão sendo gerados na situação, você terá consciência se é algo positivo que condiz com a realidade que deseja viver, ou se são somente pensamentos sabotadores, pessimistas e criados pelas crenças limitantes. Aqui está o grande passo a transformação da mente e da realidade. Observando os pensamentos, você terá condições conscientes de analisá-los e mudá-los, buscando os pensamentos daquilo que almeja viver, seja como for.

Convido-o(a), neste momento da leitura, a um exercício de análise e mudança do pensamento, para que você possa aprender e utilizar em todas as situações da vida. Busque na sua mente um pensamento que você entenda ou identifique como negativo, pessimista ou sabotador. Agora deixe ele fluir na sua mente e vamos entender a que ele se refere. Seria um sentimento de medo que faz com que você pense dessa forma? Pergunte à sua mente: você está com medo do que exatamente? Ou seria a falta de permissão e merecimento que sua mente faz com que você se julgue ao pensar sobre isso? Pergunte à sua mente: se eu me permitir, me sentir merecedor disso, como fica minha vida e meu sentimento depois?

Após aflorar a mente consciente, tente alterar o pensamento e verifique como vai se sentir. Se identificou um medo, afirme para sua mente que você está no controle desse barco chamado vida e que, independentemente de qual seja esse medo sabotador e suas consequências, você está disposto(a) a enfrentá-lo para alcançar seus objetivos. Se identificar falta de permissão e merecimento, mude seu pensamento com afirmações sobre você ser capaz e merecedor(a) de realizar o que deseja, que você se permite dar esse passo ou tomar essa decisão e se dispõe a enfrentar com responsabilidade as consequências que podem chegar.

Ao fazer esse exercício e identificar um pensamento ruim, julgador, lembre-se de que, a nossa mente costuma mentir sobre as informações geradas no pensamento por estar sobrecarregada de dores, medos, traumas, desilusões, limitações que influenciam diretamente nas decisões da vida. Por isso, conteste seu pensamento, faça uma autoanálise sobre o que ele quer lhe mostrar quando se mostra de forma negativa. Em alguns momentos, ele o(a) alertará de alguns riscos, e isso também é importante, mas antes precisa passar pelo filtro da autoanálise para verificar se é um pensamento sabotador ou, de fato, um alerta. Isso tudo parece cansativo, mas acontece em frações de segundos e, por isso, muitas vezes passa despercebido e leva a maioria das pessoas a viverem sob a influência mental da dor, do negativismo e da autossabotagem, desencadeando automatização da vida, infelicidade e grande número de somatizações de doenças física e mentais.

O poder do pensamento é uma força mental que ativa e molda o mundo ao redor, as circunstâncias e a realidade. Ao priorizar os pensamentos positivos e motivadores, será possível visualizar os objetivos, sonhos e desejos com clareza e convicção, ativando a mente consciente a trabalhar a seu favor, buscando o que for necessário de conteúdo psíquico para ancorar e facilitar todo o processo de transformação em realidade.

E o maior sucesso dessa transformação da mente é encontrar a plenitude interior, capaz de cultivar a paz, a compaixão e a sabedoria com você mesmo(a), permitindo que expanda esses sentimentos para o seu exterior com a possibilidade de viver uma vida significativa e satisfatória. Ao abraçar o poder do pensamento e transformar a mente, abrem-se as portas para uma jornada de autodescoberta e crescimento contínuo.

Conclui-se, por fim, que é preciso aprender a viver, aprender a pensar e colocar em prática o que foi descoberto. Logo, você será capaz de transformar sua vida e sua realidade utilizando o poder mental a seu favor, direcionando os pensamentos e as decisões. Explore essa incrível dádiva, que foi proporcionada ao ser humano. Redefina suas metas e objetivos, rompa com as crenças limitantes, que não têm nada de novo para lhe contar. Esforce-se para alcançar a paz interior, o equilíbrio e a felicidade por meio do poder do pensamento.

O poder do pensamento é uma força mental que ativa e molda o mundo ao redor, as circunstâncias e a realidade.

Amanda Carvalho

ANGÉLICA PEREIRA

Eu me chamo Angélica Pereira. Sou terapeuta integrativa, praticante e facilitadora de Barras de Access® e especialista em liberação de traumas e bloqueios emocionais. Ajudo pessoas a se livrarem de tudo aquilo que as impede de viverem a sua verdadeira essência e expandirem a potência máxima do seu eu interior!

Resido na cidade de Estiva, no sul de Minas Gerais, onde atendo clientes de toda a região, nos formatos presencial e *on-line*, e também ministro classes de Barras de Access® presenciais.

Meu propósito de vida é, por meio do meu trabalho, mostrar ao maior número de pessoas que é possível reencontrar o bem-estar e o equilíbrio interior!

angelicapereiraterapeuta

+55 (35) 997204955

Angelica Pereira

angelicapereira00

angelicapereira053@gmail.com

6 A RESILIÊNCIA E A ATIVAÇÃO DA CONSCIÊNCIA

Por Angélica Pereira

Ao longo deste capítulo, vou lhe contar tudo o que aprendi sobre resiliência e consciência nesses 37 anos de trajetória. Atualmente, pratico a consciência em todos os momentos da minha vida e venho obtendo resultados satisfatórios e expansivos!

Tudo começou na infância: meu pai faleceu quando eu ainda era um bebê. Cresci com minha mãe e irmãos maternos e, como a maioria das meninas com ausência do pai na infância e na adolescência, comecei a namorar muito cedo (buscava inconscientemente uma proteção masculina).

Casei aos 16 anos e fui mãe da Iara, meu maior presente, que hoje está com 21 anos. Assim, dei sequência ao amadurecimento precoce na minha vida, que me fez ser cada vez mais forte e resiliente.

Aos 18 anos, comecei a trabalhar em uma confecção de roupas. Após seis anos, em 2010, mudei de emprego, indo para um supermercado, onde construí uma experiência incrível em me relacionar com pessoas. Isso fez parte da minha vida por aproximadamente 10 anos.

Em paralelo, eu sempre tive um perfil empreendedor. Desde muito nova, trabalhava também com vendas. Anos depois, conheci o *marketing* de rede, modelo de negócios que me trouxe autoconhecimento, desenvolvimento pessoal e abertura para outras oportunidades.

Sempre fui autodidata, gosto muito de estudar. Dessa maneira, fiz diversos cursos e treinamentos de vendas, liderança, administração, programação neurolinguística (PNL), *coaching*, entre outros.

Minha vida até aos 35 anos foi uma luta constante. A cada dia, um novo desafio, que na maioria das vezes era empurrado com a barriga. Deixava diversas situações para resolver depois, acreditando que o amanhã seria diferente, mas nada mudava.

Por todos esses anos, acreditei que ser forte e resiliente era a única forma de vencer as lutas diárias. E funcionava, porém era pesado, já estava ao ponto de quase ter uma estafa mental.

Extremamente focada no trabalho, eu não me priorizava, e com isso minha saúde emocional começou a ser abalada com estresse, cansaço físico e mental, sono excessivo (eu não me permitia dormir a quantidade de horas necessárias), surgiram alergias no corpo, alterações de peso, entre outras coisas.

Mesmo assim, eu não olhava para isso, seguia naquele *looping*, apenas afirmando positivamente: vai dar tudo certo! Tinha realmente uma certeza de que tudo estava apenas me direcionando para o meu verdadeiro propósito. Até que, por extrema necessidade interna, me abri para fazer uma sessão de terapia integrativa.

Aquele atendimento era tudo de que eu estava precisando, acessei dores passadas que jamais imaginava serem motivo de bloqueio na minha vida, a ansiedade aliviou, encontrei mais equilíbrio e leveza para lidar com as situações adversas. E decidi, então, aprofundar-me nesse assunto, estudando e me tornando uma terapeuta integrativa.

Assim, encontrei o meu propósito pessoal e profissional e hoje sou especialista na liberação de traumas e bloqueios emocionais, com as seguintes técnicas:

- *Access Bars® Practitioner (BP);*
- *Access Bars® Facilitator (BF);*
- *Access Facelift® Practitioner (AFPR);*
- DAM *practitioner* (desativação e ativação magnética das emoções);
- Reikiana nível 3;
- Biomagnetismo e bioenergia em formação.

Até esse momento em que escrevo, foram mais de 150 pessoas transformadas com o meu atendimento e sete cursos ministrados. Estou apenas começando, mas desde já escolho levar mais qualidade de vida e bem-estar ao maior número de pessoas.

Uma das principais técnicas que utilizo, da qual sou apaixonada pelos resultados e também dou o curso, são as Barras de Access®, uma ferramenta de expansão da consciência e, no meu ponto de vista, a melhor que possa existir.

Agora vou ensiná-lo(a) como a consciência nos abre caminhos de expansão e possibilidades, mostrando que nem tudo na vida se baseia na resiliência.

Ser resiliente é ativar constantemente a fé e a confiança no nosso interior. É, mesmo diante dos obstáculos e das adversidades, acreditar que é possível atingir todos os objetivos determinados pela nossa mente.

Isso nos torna fortes, extremante fortes, ao ponto de excedermos nossos limites e até conseguirmos obter os resultados que almejamos.

Quando somos resilientes, mas não cultivamos a consciência, em determinado momento tudo fica pesado, não percebemos as nossas vulnerabilidades e, normalmente, nos expomos ao risco de sofrermos consequências na saúde emocional, mental, espiritual e até mesmo física.

Toda a nossa estrutura se abala, deixamos de acreditar em nós mesmos e o corpo começa a sentir diversos desequilíbrios. Normalmente, inicia-se nas emoções e vai somatizando para as demais áreas, podendo dar origem a inúmeras patologias.

Cultivar a consciência é permitir as próprias vulnerabilidades e perceber que:

- nem sempre ser forte é a solução;
- também precisamos de apoio;
- devemos delegar tarefas;
- devemos pedir ajuda;
- devemos falar não...

E, assim, não nos cobrarmos tanto, principalmente quando algo sai do nosso controle.

O controle nos leva a um nível de cobranças intensas, com o outro e com nós mesmos. No entanto, mais importante do que buscar o controle constante em tudo é ter clareza mental, equilíbrio, leveza e bem-estar.

Perceba: como seria a sua vida, se você se tornasse uma pessoa mais consciente diante de todas as suas escolhas? (Não precisa pensar em respostas, apenas sinta se essa pergunta fica leve ou pesada para você.)

Isso é ser consciente! Exercite perguntas como essa, sempre que precisar de alguma clareza para a sua vida!

Uma verdade é leve e expansiva, uma mentira é densa e pesada!

Para entender isso, basta imaginar aquele momento em que você recebe um convite para algum lugar que gosta muito de frequentar, normalmente nem precisa pensar para responder, o corpo na hora expande, chega a vibrar! Significa que isso é verdadeiro e leve para você.

Em contrapartida, se você recebe um convite para um local que não se sente bem, com pessoas que não se conectam com a sua energia, o corpo vai contrair e pesar. E, se você insistir em ir, pode até passar mal ou ficar doente.

O corpo é inteligente o suficiente para lhe dar todas as respostas de que precisa. Esteja em conexão constante com ele, praticando atividades físicas, alimentando-o de forma leve e saudável, nutrindo-o conforme ele requer, cuidando também de como você está nutrindo a sua mente.

Escolha cuidar da sua morada, o seu corpo é a sua principal casa, é ele que o(a) carrega e sustenta todos os seus movimentos, bem como ele sente todos os desequilíbrios que lhe acontecem. Estar em conexão constante com o corpo é um exercício de consciência que devemos praticar diariamente.

No livro *Sendo você, mudando o mundo* (2015), escrito pelo Dr. Dain C. Heer, cofundador do Access *Consciousness®*, encontramos uma série de ferramentas expansivas para a nossa vida, incluindo o leve ou o pesado que citei acima, o poder da escolha, as perguntas e diversas outras formas de consciência com o nosso corpo e o ser infinito que verdadeiramente somos.

Dr. Dain e o Access Consciousness® nos trazem também os cinco elementos da intimidade: honra, confiança, permissão, vulnerabilidade e gratidão. Intimidade significa você estar em comunhão ou unidade, onde tudo existe e nada é julgado.

Você pode encontrar mais sobre essas ferramentas em uma das diversas Classes do Access *Consciousness®*.

A disposição de, continuamente, ser a pergunta e fazer perguntas, abre as portas para tudo na vida vir até você com facilidade, alegria e glória! Quando você se torna consciente do que você é capaz de criar, acessa as infinitas possibilidades disponíveis na sua vida!

Nós já somos seres conscientes, mas estamos o tempo todo captando energia de pensamentos, sentimentos e emoções de tudo o que acontece ao nosso redor. E isso pode nos tirar da presença e consciência.

Portanto, esteja constantemente na permissão de liberar toda essa carga energética que herdamos, geramos ou captamos, abrindo assim mais e mais espaço de expansão dentro do seu eu interior.

As Barras de Access®, além de todas essas ferramentas que mencionei, consiste também no toque leve e sutil em 32 pontos na cabeça, em que armazenamos, ao longo de toda a vida, pensamentos, sentimentos, ideias, crenças, emoções e atitudes que pensamos serem importantes em algum momento.

Ao correr suas Barras, isso é, ao receber uma sessão com um *access bars® practitioner,* é como formatar um computador, apagando arquivos desnecessários da sua mente, sem perder nenhuma informação importante.

As ondas cerebrais desaceleram, permitindo que você acesse e libere padrões de comportamento, crenças, limitações e tudo aquilo que o(a) impede de ser a expansão que você verdadeiramente é. Você realmente começa a ficar mais presente em sua vida e o passado não projeta no seu futuro da mesma maneira.

É a melhor ferramenta de expansão da consciência, usada para facilitar mudanças em todas as áreas da sua vida.

Por meio da análise de exames, percebemos que, quando se correm as Barras, o impacto nas células é liberado, elas retornam ao formato mais esférico e trazem alívio e bem-estar para o corpo.

Uma curiosidade interessante sobre as Barras é que aproximadamente 40 a 60 minutos de sessão trazem para o corpo e a mente a mesma leveza que duas horas de meditação proporcionariam.

A você, leitor(a), que chegou até aqui, encorajo-o(a) fortemente a viver uma vida com mais consciência, expandindo a potência máxima do seu ser.

Se você deseja mudar qualquer área da sua vida, repita todos os dias o nosso mantra do Access, 10 vezes de manhã e 10 vezes à noite:

Tudo na vida vem a mim com facilidade, alegria e glória!

Se você escolher buscar por uma sessão de Barras de Access® ou uma classe de Barras para aprender essa ferramenta, saiba que existem mais de 16 mil facilitadores ao redor do mundo.

Para quem requer da minha energia, será um prazer contribuir para a sua evolução e expansão! Entre em contato pelas redes sociais deixadas no início deste capítulo. Você pode descobrir mais sobre essas ferramentas e aulas de Access Consciousness® ao redor do mundo em www.accessconsciousness.com.

Gratidão!

(Referências ao final do livro.)

Quando você se torna consciente do que é capaz de criar, acessa as infinitas possibilidades disponíveis para a sua vida!

Angélica Pereira

CAROLINA MUELLER

Sou a Carolina Mueller, mestra em Psicologia pela Universidade de Viena, na Áustria, e sobrevivente recuperada de relacionamentos narcisistas. Sou certificada no Guia Clínico de Abuso Narcisista e Psicopático em Relacionamentos Amorosos Patológicos, pelo *Institute of Relational Harm Reduction*, nos EUA, e certificada na abordagem informada sobre o trauma, a qual visa a um cuidado especial em transmitir segurança, orientação e estabilização emocional a pessoas com vivências traumáticas.

A minha missão é ajudar pessoas a entenderem e superarem relacionamentos amorosos patológicos (RAPs) por meio da psicoeducação e de poderosas ferramentas de recuperação mental, emocional, relacional e neural.

psi.carolinamueller

psi.carolinamueller

www.carolinamueller.com.br

DNA DA MENTALIDADE

7 ENFRENTANDO DESAFIOS APÓS RELACIONAMENTOS TÓXICOS

Por Carolina Mueller

Sair de um relacionamento tóxico deveria trazer alívio. Essa é uma expectativa universal, tanto de quem vive um quanto de quem observa um de fora. Porém, a realidade é uma sombra muito mais insidiosa do que se imagina. Curar as marcas psicológicas dessa experiência exige uma compreensão profunda do que é um relacionamento amoroso tóxico e dos desafios peculiares do pós-término.

Permaneci por sete turbulentos anos em uma relação tóxica e precisei de mais cinco até encontrar respostas para as graves sequelas emocionais que ficaram: a ansiedade, a depressão e a incapacidade enlouquecedora de parar de pensar no passado. Como fui permitir uma situação dessas? Eu, que antes tinha uma autoestima relativamente saudável, tinha minha independência, amigos, uma carreira, valores e metas. Perdi tudo. Perdi-me. Esse fracasso pessoal abalou-me tanto que cheguei a desistir da minha carreira como psicóloga.

Procurei ajuda. A psicoterapia tradicional não estava funcionando. Na verdade, eu saía pior do que entrava nas sessões. Os vídeos que encontrava na *internet* me ajudaram somente a reconhecer que meu ex é um narcisista. Mas e daí? Só saber disso não era suficiente para esquecer. Eu sentia que havia algo de muito errado comigo e sentia vergonha. A minha vida estava estancada em um limbo entre o passado e o presente, sem continuidade e sem futuro.

Pesquisei respostas e mergulhei nos estudos durante anos, até, finalmente, conseguir entender não só a complexidade do que vivi, mas também os pilares que seriam necessários para a minha recuperação. Descobri que, ao contrário do que muitos especialistas dizem, os sintomas que eu tinha não eram de dependência emocional nem de codependência, mas sim do trauma daquele relacionamento. Essa compreensão mudou a minha vida e, se você se reconheceu no meu relato até aqui, acredito que possa mudar a sua também.

Provavelmente, não é isso que você aprendeu, mas, o típico perfil de quem se enreda em um relacionamento amoroso tóxico, na verdade, é o de uma pessoa altamente resiliente, independente, com orientação para o sucesso, além de tolerante, compassiva e amorosa. Essas são virtudes e, ao mesmo tempo, vulnerabilidades, quando se trata de um relacionamento com um parceiro (ou uma parceira) narcisista ou psicopata. Em relacionamentos tóxicos com tais personalidades, é gerado um desnível de poder entre as partes, com a pessoa patológica ficando cada vez mais no controle e a outra pessoa, a sobrevivente, desestabilizada. Isso é feito por meio da exploração da sua confiança, desvalorização sistemática, manipulação e intercalação de recompensa e punição, como momentos de atenção e afeto alternados com fases de tratamento do silêncio e desprezo. Essa é a base do abuso emocional.

Pouco a pouco, a pessoa sobrevivente vai ficando confusa, insegura e inexplicavelmente apegada à pessoa abusiva. Instala-se, então, um fenômeno psicológico chamado vínculo traumático (*trauma bonding*), termo definido por Patrick J. Carnes (2019), Ph.D., que descreve uma forte conexão emocional com uma pessoa abusiva e exploradora em um relacionamento íntimo. O vínculo traumático é interpretado pela vítima como um amor intenso e insano pela pessoa abusiva. Insano porque não faz sentido amar alguém que lhe causa dano, e sobreviventes sabem disso. Portanto, o primeiro grande desafio para quem vive um relacionamento tóxico é reconhecer que isso não é amor, nem dependência emocional, mas, sim, uma resposta traumática.

Narcisistas e psicopatas escondem-se atrás do que o psiquiatra estadunidense Hervey M. Cleckley (2022) descreveu como a máscara perfeita da sanidade. São pessoas que vivem entre nós completamente camufladas, sendo até mesmo admiradas em diversos círculos. Somente quem convive com elas de perto descobre como realmente são, quando suficiente dano psicológico já foi instituído. No início, fingem compatibilidade com você e aparentam total normalidade nas suas interações e expressões. Porém, na realidade, carecem de empatia e profundidade emocional e transbordam grandiosidade, arrogância, necessidade de controle e agilidade para tirar vantagem dos outros.

Existem variações em graus e combinações de diferentes traços patológicos, mas, em geral, narcisistas e psicopatas têm um estilo interpessoal egocêntrico, conflitivo e predatório. Não escolhem qualquer pessoa para um relacionamento. Buscam quem tenha qualidades específicas que eles possam explorar em benefício próprio. Isto é, pessoas úteis que irão aguentar muito tempo sem desistir, enquanto acreditarem no potencial de um futuro ideal desse relacionamento. Sendo admiráveis, capazes e independentes, sobreviventes trarão benefícios. Sendo pessoas compreensivas, entenderão as dificuldades. Sendo tolerantes, aceitarão os absurdos. Resilientes e lutadoras, contornarão desafios e batalharão até o fim.

Narcisistas e psicopatas jamais se responsabilizam e sempre negam as suas falhas, acusando os outros de fazerem o que eles mesmos ou elas mesmas fazem. Já no polo oposto, pessoas conscienciosas tendem a refletir sobre como poderiam se tornar pessoas ainda melhores. E, nessa dança perigosa, responsabilizam-se por erros que não cometeram, cooperam quando não deveriam, adaptam-se e encolhem-se cada vez mais até se anularem por completo. Quando não há mais nada a extrair delas, são descartadas.

Nesse caso, o parceiro patológico ou a parceira patológica pode abandonar o relacionamento de forma explícita ou velada. A máscara cai e ele ou ela deixa de ocultar a sua natureza tóxica. Desvenda a sua vida paralela ou abandona o relacionamento e parte para a próxima vítima, fria e abruptamente. Essa grande traição da confiança de quem estava ali, se sacrificando, aprofunda ainda mais o trauma desse relacionamento.

Você, que acreditou nas boas intenções dessa pessoa, que compreendeu suas dificuldades, tolerou o intolerável, estendeu a mão e se entregou por completo para tentar resgatar o que havia de bom, depara-se com a dura realidade: você lutou em vão. A mente, então, é invadida por um turbilhão de autocobranças: "Como pude permitir viver o que vivi? Por que não saí muito antes?" A ruminação é incessante, a autocrítica é implacável. Você está de luto pela morte de um futuro no qual apostou, mas que se desvaneceu como uma miragem diabólica. E não é só você que se culpa. A sociedade também o(a) culpa, como se você tivesse conscientemente escolhido isso e, mais, exige que você siga em frente como se nada fosse. A solidão é sufocante. Ninguém entende a destruição interna que você sente enquanto finge normalidade. Esse é um dos desafios mais difíceis.

Por muito tempo, sobreviventes tentam conciliar a imagem inicial, encantadora do parceiro ou da parceira, com as evidências que vão se revelando do comportamento abusivo e explorador. Quando começam a observar comportamentos tóxicos, controladores ou cruéis, que se contrapõem à imagem idealizada, isso gera um conflito interno torturante. No pós-término, essa luta entre memórias boas e ruins não se extingue, provocando pensamentos em círculos na tentativa de resolver o mistério: "Afinal, essa pessoa me amava ou me odiava?".

Recordações de afeto e demonstrações de amor fazem você sentir uma falta avassaladora dessa pessoa abusiva, correndo o risco até mesmo de voltar para ela na primeira oportunidade. Por outro lado, as memórias contrastantes de frieza, mentiras, subterfúgio e manipulação fazem você sentir raiva, tristeza e repugnância. Esse *looping* mental entre o melhor e o pior do relacionamento gera pensamentos obsessivos e involuntários sobre a pessoa. Você quer esquecer, seguir em frente, mas o passado o(a) suga para um vórtice de memórias conflitantes e dilacerantes que paralisam.

Por fim, uma das dores mais profundas e provavelmente o maior dos desafios na recuperação está na perda de si, no tempo de vida desperdiçado e na impossibilidade de imaginar um futuro normal, que dirá feliz. Você se culpa, indevidamente, pelo abuso ao qual o(a) submeteram e pelas consequências negativas do pós-término, questionando sua própria sanidade mental. Os sentimentos de vergonha e inadequação são esmagadores. Você tenta, desesperadamente, conciliar a noção de que você é forte e capaz com a realidade de ter sido vítima. A incapacidade de superar uma pessoa que nunca o(a) mereceu parece uma cruel ironia do destino.

Esses grandes desafios tendem a não desaparecer sozinhos e podem persistir por anos, a menos que haja um esforço consciente e consistente para enfrentá-los. Ao longo do meu próprio processo de cura e de anos de pesquisa, descobri que a efetividade da recuperação após um relacionamento abusivo envolve cinco pilares: psicoeducação para entender o que aconteceu; recuperação emocional para lidar com gatilhos; recuperação mental para eliminar crenças limitantes; recuperação neural para restaurar o sistema nervoso; e recuperação relacional para evitar relações tóxicas e estabelecer conexões saudáveis. No meu programa *on-line* para sobreviventes, a mentoria Ânima, trabalhamos estruturadamente com base nesses 5 pilares, promovendo a recuperação e facilitando a reconstrução de uma vida plena.

Em conclusão, sair de um relacionamento tóxico tende a não trazer alívio imediato. Seguir em frente exige a compreensão profunda e o enfrentamento dos desafios peculiares do pós-término. A jornada, muitas vezes, solitária e dolorosa, requer reconhecimento do trauma e o uso de ferramentas e técnicas de regulação emocional. Ao entender os múltiplos desafios após um relacionamento abusivo e a devastação pessoal resultante, você poderá restaurar seu senso de autonomia no processo de recuperação. Após a leitura deste capítulo, meu desejo sincero é que você não apenas adquira uma maior compreensão e compaixão pelo que viveu, mas que esse conhecimento possa transmitir também um senso de esperança, pois há um caminho de cura e reconstrução.

Para aprofundar-se nos temas narcisismo e recuperação para sobreviventes, confira meus canais de YouTube e Instagram @psi.carolinamueller ou *site* www.carolinamueller.com.br/mentoria-anima.

(Referências ao final do livro.)

Sair de um relacionamento tóxico deveria trazer alívio. No entanto, a realidade de quem sai é uma sombra muito mais insidiosa do que se imagina.

Carolina Mueller

CRISTIANO FRANCO

Eu sou Cristiano Franco, CEO da Inspand Educação Corp., empresário, mentor, *Master Practitioner* em PNL, *coach* e escritor, dedicado à transformação positiva das pessoas e organizações. Minha jornada começou em uma comunidade de Campinas/SP, onde, com muito esforço, concluí a faculdade de eletrônica industrial e desenvolvi uma paixão por números e programação de computadores. Em 17/07/2007, um atraso de cinco minutos mudou minha vida: perdi o voo 3054 da TAM, que ao passar reto pela pista de Congonhas, chocou-se com o prédio dessa empresa, sem deixar sobreviventes. Esse evento transformador ensinou-me a valorizar e a respeitar as pessoas, além de me fazer aprender a importância das palavras **obrigado**, **desculpa**, **perdão** e da expressão **eu te amo.**

crisfrancooficial

cristianofranco

Cristiano Franco

DNA DA MENTALIDADE

8 A MENTALIDADE NAS NEGOCIAÇÕES E A RESOLUÇÃO DE CONFLITOS

Por Cristiano Franco

Ao longo de 12 anos, liderei turmas de treinamento transformacional, vivenciando histórias que poderiam ter tido desfechos melhores e mais simples. Muitas sociedades e relações pessoais terminam devido à falta de habilidade em negociações. Provavelmente, você já enfrentou situações em que se sentia sem saída, por não saber lidar com seu maior inimigo: você mesmo(a). Neste capítulo, compartilho como fui de demitido a sócio em apenas 10 dias e como trabalhei minha mentalidade para resolver esse conflito.

O problema: a crise econômica de 2015

Dentre as histórias que vivenciei, uma se destaca: a crise econômica de 2015 no Brasil. Esse período transformou uma estratégia promissora da nossa empresa em um erro quase irreversível, revelando vulnerabilidades. A crise não só testou nossa resiliência corporativa, como também catalisou uma transformação pessoal e profissional. Para entender esse ponto, é essencial voltar a 2012, quando nossa jornada começou com otimismo e decisões ousadas.

2012: iniciando a história

Em 2012, inspirados pela promessa governamental de transformar o Brasil em uma 'pátria educadora', decidimos expandir nossa atuação além do mercado corporativo, no qual éramos especializados. Investimos no desenvolvimento da plataforma de aprendizagem Neolude, redirecionando nosso foco para o mercado acadêmico, que esperávamos estar em ascensão. Após dois anos de dedicação e investimentos, lançamos a plataforma e, inicialmente, alcançamos vendas expressivas. No entanto, a crise no repasse de recursos do Fundo de Financiamento Estudantil (FIES) e do Programa Universidade para Todos (ProUni), no segundo semestre de 2014, impactou severamente o mercado educacional, resultando no fechamento de diversas faculdades. Esse cenário adverso forçou-nos a tomar a difícil decisão de demitir 80% do nosso time em 2015.

Nesse período, vivenciei conflitos internos que demandavam uma negociação comigo mesmo, especialmente na tomada de decisões, um processo que denomino "de+cisão", ou seja, a escolha entre alternativas que impactam profundamente minhas emoções e minha mentalidade. Essa experiência reforçou a ideia de que a mentalidade, um conjunto de lentes que molda nossas percepções e comportamentos, pode ser desenvolvida e aprimorada para enfrentarmos conflitos de forma mais eficaz.

Para ajudar a lidar com a mentalidade, entenda a lógica das seis etapas do fluxo mental:

1. **pensamento:** tudo começa com um pensamento, influenciado por percepções externas ou internas;
2. **emoção:** o pensamento gera uma emoção, uma reação física intensa que afeta nosso bem-estar;
3. **sentimento:** a emoção transforma-se em um sentimento, uma experiência emocional mais consciente;
4. **comportamento:** os sentimentos direcionam nosso comportamento, levando a certas ações;
5. **ação:** as ações são a expressão visível do nosso comportamento;
6. **hábitos:** ações repetidas tornam-se hábitos, padrões automáticos de comportamento.

Quando dominados por emoções, essa sequência é alterada, influenciando nossos pensamentos e ações. Para mudar uma ação, é essencial mudar nosso modo de pensar, utilizando lentes que nos potencializem. "A mente é como um paraquedas. Só funciona se estiver aberta."[1]. Observe o diagrama a seguir:

[1] Frase de autoria desconhecida, atribuída muitas vezes a Albert Einstein ou a Dalai Lama.

No exemplo a seguir, temos a sequência citada no Diagrama 1.

Ao sair da empresa tarde da noite, vejo uma pessoa parada em frente. Penso que serei assaltado, o que gera uma emoção com produção de adrenalina e cortisol, preparando-me para lutar ou fugir. Meu sentimento é de perigo, e já lembro de várias histórias. Meu comportamento é de tensão e minha ação é correr ou tentar esconder a carteira, fugir ou lutar. Perceba que toda ação começa com um pensamento, mas, se houver um gatilho emocional, esse tomará conta do pensamento. Um ato de fúria pode retroalimentar a emoção, que retroalimenta a ação até a exaustão. O mesmo pode acontecer em caso de vingança.

Lidando com a notícia ruim

Para minha surpresa, após 14 anos de empresa, em meados de setembro do mesmo ano, três dias antes de uma pequena féria de sete dias, meu líder na época chamou-me e disse: "Por respeito aos seus 14 anos de empresa, quero avisar você que, quando retornar de suas férias, vou precisar desligá-lo. Não faz sentido manter um gerente para uma equipe tão pequena, mesmo gostando muito do seu trabalho e querendo você aqui. Dessa forma, precisarei assumir o seu papel. O motivo de avisá-lo é para que não gaste muito nas férias." Respirei fundo e perguntei: "É reversível?" A resposta foi: "Não, e precisa ser rápido, porque estamos reduzindo ao máximo o custo para o pagamento do 13º salário." Ao receber essa notícia, senti-me traído, inseguro, injustiçado, triste, com muita raiva e muito medo diante da incerteza que se apresentava.

Fui para casa com a mente cheia de lixo e um diálogo interno aterrorizante. Isso me fez lembrar da animação *Luca*, da Pixar, na qual o personagem principal nomeia sua mente de Bruno e, ao enfrentar algo assustador, ele grita: "Silêncio, Bruno!". Essa cena ressoou em mim, pois destacava a importância de enfrentar e silenciar os medos internos que dominavam meus pensamentos naquele momento.

Retornando ao meu conflito interno, recorri às técnicas de negociação. Enquanto uma negociação convencional começa pelo que queremos, uma voltada para resolução de conflitos inicia pelo desejo do outro, dentro do ponto de intersecção. Se você quer A e o outro quer B, surgem conflitos de interesse. Com a regra do 1%, focamos 100% no 1% de concordância, criando uma zona de possível acordo (ZOPA).

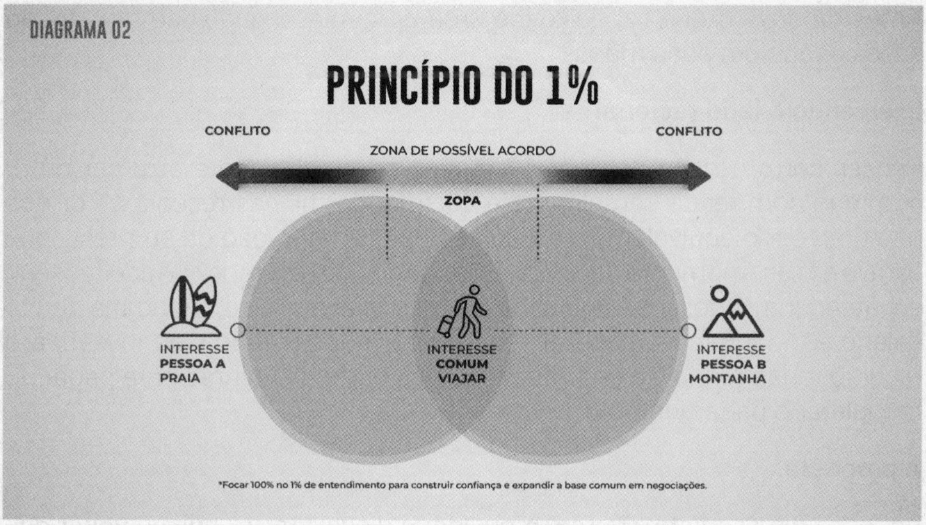

Com base nos livros *Difficult conversations: how to discuss what matters most* (2010), de Douglas Stone, Bruce Patton e Sheila Heen, e *Negotiation genius: how to overcome obstacles and achieve brilliant results at the bargaining table and beyond*, de Deepak Malhotra e Max Bazerman, além do princípio do 1%, adicionei minha adaptação dos cinco passos da negociação de conflitos.

1. Identifique o que o outro quer. Ex.: garantir a reputação honrando o pagamento do 13º salário.
2. Identifique o que você quer. Ex.: manter meu emprego (renda) e continuar fazendo o que eu gostava.
3. Identifique variáveis de tempo. Ex.: para ele, estava no curto prazo (40 dias); para mim, no longo prazo (12 meses).
4. Identifique o problema central e procure entender o contexto todo: Ex.: era um problema financeiro.
5. Descubra a intersecção. Ex.: manter nossa parceria.

Em posse dessas informações, analisei o cenário: estávamos no final do ano, em crise econômica, meu segmento muito afetado, com possível demora para recolocação. Como gerente comercial com 14 anos de empresa, eu tinha uma carteira relevante e uma boa remuneração. Estimei que, para voltar a ter uma remuneração semelhante, necessitaria de cerca de 12 meses. Essas informações foram suficientes para minha tomada de decisão.

Antes de dizer o que fiz, deixo-lhe uma pergunta: o que você faria tendo esse cenário em suas mãos?

Exercendo o lado racional

Pensei: corro o risco de ficar 12 meses sem salário, até arrumar outro emprego com renda semelhante e queimando minhas reservas. Por que não oferecer o equivalente a 12 salários por uma fração da empresa, que estava em um momento de baixa e precisando de recursos? Se aceitassem, eu atenderia todos os requisitos da negociação. Eu continuaria tendo salário e, no lugar de queimar recurso por não ter renda, eu investiria o recurso tendo renda e a empresa teria boa parte do recurso para pagar ou completar o pagamento do 13º salário.

A proposta

Voltei no dia seguinte, chamei meu líder e disse: "Assim que eu voltar das férias quero fazer uma proposta. Por favor, convoque todos os sócios." Pelo tempo de casa e de função exercida, eu tinha esse espaço. No meu retorno, 10 dias após a conversa inicial, propus a compra de uma fração da empresa e, devido ao momento desafiador, minha proposta foi aceita. Tornei-me diretor comercial quatro meses após esse fato e CEO cinco anos depois.

Convido-o(a) a fazer uma experiência: pense em um problema de conflito, aplique o passo a passo da solução e veja se facilita. Ao abordar conflitos com uma mentalidade estratégica e focada na resolução, podemos encontrar soluções inovadoras e mutuamente benéficas, transformando desafios em oportunidades de crescimento e desenvolvimento pessoal e profissional.

Espero que essa história possa ajudá-lo(a) e, quem sabe, fazer parte de um legado.

(Referências ao final do livro.)

Herança é o que deixamos para as pessoas. Legado é o que deixamos nas pessoas.

Cristiano Franco

DANIELA SUNIGA

Eu me chamo Daniela Suniga e sou natural de Campinas/SP. Sou empreendedora, professora, escritora e mentora em desenvolvimento humano, formada em Administração de Empresas, pós-graduada em Marketing e Terapias Integrativas e mestra em Educação.

Acredito muito que nossa bússola interior é responsável pela nossa busca do autoconhecimento para desenvolver nossas habilidades e nos conscientizar de nossos propósitos. Por meio dessa bússola, temos a chave para o desenvolvimento de nossa espiritualidade e nosso autoconhecimento.

Superei grandes desafios e digo que é possível mudar a própria história por meio do autoconhecimento, da determinação e da reflexão. São esses três que me levam a palavras, expressões, discernimento e abertura de novas possibilidades por meio dos pensamentos e da ação.

dani.suniga

+55 (19) 99355-4694

danisuniga

danisuniga@hotmail.com

DNA DA MENTALIDADE

9 A AÇÃO: TRANSFORMANDO IDEIAS EM REALIDADE

Por Daniela Suniga

Minhas considerações aqui partem de recordações conservadas na memória, que estão muito latentes e se encontram vivas em minha jornada. Abrir esse baú de memórias no processo de elaboração deste capítulo possibilitou um encontro comigo mesma nas diferentes situações de uma trajetória composta por idas e vindas, encontros e desencontros, sabores e dissabores, reflexão e conversa com meus pensamentos. A reflexão sempre me levou a um silêncio, este sempre muito bom e entusiasmante, que me leva a palavras, expressões, argumentações, discernimento e abertura de novas possibilidades por meio dos pensamentos. Por ele percebo que minhas ideias e meus sonhos são sempre transformados em ações.

Depois dessa pequena introdução, gostaria de abordar uma parte da minha vida bastante importante e que foi determinante para minha formação e meu entendimento de quem me tornei hoje, uma mulher determinada e por vezes inquieta, que não esmaece até ver seus sonhos e projetos se tornarem realidade.

Nasci com uma malformação congênita, a fenda palatina. A abertura pode atingir todo o céu da boca e a base do nariz, estabelecendo comunicação direta entre um e outro. O fechamento completo é realizado em etapas, a fim de assegurar a integridade do arcabouço ósseo e a funcionalidade da musculatura para evitar a deficiência de respiração e a voz anasalada.

Na verdade, o tratamento é longo, assim iniciei as cirurgias com dois anos de idade, tendo mais uma cirurgia ao longo de minha infância, e isso só terminou aos 12 anos de idade, com a cirurgia definitiva e com a consolidação total dos ossos da face aos 17, 18 anos. Durante todo esse tempo, fui acompanhada por especialistas em diferentes áreas, especialmente por cirurgiões plásticos, otorrinolaringologistas, foniatras, fonoaudiólogos e ortodontistas.

As fissuras palatinas são a causa de problemas de saúde que incluem má nutrição, distúrbios respiratórios, de fala e audição, infecções crônicas e alterações na dentição. Da mesma forma, elas provocam problemas emocionais, de sociabilidade e de autoestima.

Apesar de sempre ter tido o apoio, o incentivo e a motivação de minha família, sofri muito preconceito no período escolar, alguns colegas chamavam-me de "voz do pato Donald" por ter a voz fanha, e eu era também uma garota muito tímida e detestava fazer leituras em sala de aula ou apresentar trabalhos por conta de minha voz.

O ano de 1988 foi o ano mais importante da minha vida escolar, foi o ano em que fiz a cirurgia definitiva no fechamento da fenda palatina, nas férias de julho, e em agosto voltei repaginada, com minha "nova voz". Sentia-me única, cheia de mim, querendo falar e fazer leituras em sala de aula.

Diante disso, acredito que o silêncio e a resiliência sempre fizeram parte de minha vida e me ajudaram a pensar como eu iria transformar minhas ideias e meus sonhos em realidade. Desde pequena, os pensamentos e as estratégias sempre estiveram em meu repertório, eu precisava ter os meus projetos concretizados, para mim não existia o "não vai dar certo", "é impossível", "você não vai conseguir". Havia sempre o plano A, o B e os planos de contingência. O fato de ter minha infância e o início de minha adolescência sem a voz ideal fez-me ser aquela pessoa que pensava, questionava o que eu precisava para fazer acontecer e ter o objetivo cumprido de preferência sempre pela primeira tentativa, com "olhos e instinto de águia ou farejar de lobo", em que a mira é sempre precisa ou se faz o ataque em silêncio. Nunca passou pela minha cabeça que as coisas pudessem parecer impossíveis. O tratamento dessa síndrome seguramente me ajudou a compreender, a ter fé e acreditar que, se eu posso sonhar, eu posso realizar. Para mim, é um processo que eu desenho na minha cabeça da seguinte forma: o que eu quero (objetivo claro)? Como devo me preparar ou me desenvolver para alcançar? De quais ferramentas eu preciso? É isso mesmo que eu estou buscando? Então, mãos à obra!

Vivi épocas em que não sabia ao certo o que queria. Sabia apenas o que não queria e, quando isso acontece, sei que preciso de algo novo, desafiador, que me proporcione a sede pelo conhecimento, o silêncio agradável das reflexões, a inquietude, o mistério e a beleza das metamorfoses que nos acontecem ao longo de nossa jornada aqui na vida terrena.

Com toda a vivência adquirida e o conhecimento absorvido nesse universo de possibilidades em que vivemos, aprendi a selecionar o que serve para minha atuação. O que não serve, não é descartado, muito pelo contrário, ajuda-me a argumentar, a compreender o diferente, a interpretar o que não é aceito. Isso me faz entender que precisamos conhecer as distintas concepções e práticas presentes no campo de nossas vivências (sejam elas quais forem). A arte de contar histórias e de ouvir histórias possibilita-nos dar "asas à imaginação", é uma maneira de abordar determinados assuntos e não se prender a preconceitos conceituais, para que possamos avaliar as diferentes formas de colocar nossas ideias e nossos projetos em ação.

Em minha trajetória, com certeza, ficaram para trás fatos importantes que poderiam dar outro tom às minhas experiências, ampliar contextos, reformular passagens, mas, ao longo dela, esses foram os caminhos que indicaram a minha procura, nos diferentes momentos da vida, por tudo aquilo que sempre quis conquistar.

Nesse processo de transformar nossas ideias em ações, vem à tona a importância de estudar o que não se sabe. Quanto mais eu conheço, com mais vontade de conhecer eu fico, mais sede de conhecimento eu tenho! E nessa experiência de prática de ação, reflexão e desejo, vou construindo uma história repleta de experiências, rupturas, avanços, retrocessos, alegrias, tristezas, encontros, desencontros, respeito, esperança, confiança, segurança e crença no ideário de que tudo é possível.

As reflexões deste capítulo buscam recuperar minha procura no percurso de uma trajetória, reconhecendo mundos que nasciam a cada fase vivida. E de onde vem essa orientação?

Se você prestar atenção, começará a reconhecer uma orientação em todos os padrões de sua vida. Por que um acontecimento se seguiu a outro? O que você aproveitou de cada um deles? Não foi por acaso que comecei a estudar Administração de Empresas, depois pós-graduação em *Marketing*, então fui empreender, depois fui ser professora universitária e de pós-graduação, depois fiz o mestrado em Educação, fui coautora de quatro livros, passei a empreender em outra área, investi em desenvolvimento de marca pessoal e criação de podcast, fiz pós-graduação em Terapias Integrativas e estudei o uso de mentorias como ferramenta de desenvolvimento humano para aqueles que desejam expandir sua consciência e ocupar espaços maiores em suas jornadas. Todos esses estudos e processos prepararam-me para o trabalho que exerço hoje – o trabalho da minha vida, que é a utilização da espiritualidade como ferramenta de autoconhecimento.

Sempre procurei respostas em toda a parte. Essa sede de compreensão, de inquietude, sempre foi e tem sido um dos mais poderosos agentes que me guiaram e me guiam por toda a minha vida. O que é que eu desejo? Por que eu desejo? Seja como for, o desejo e o anseio me levarão ao que preciso fazer para realizar o meu trabalho, meus projetos e meus sonhos. Se uma coisa lhe for apresentada facilmente, e tudo lhe parecer maravilhoso, muito divertido e simples, faça-a. Isso é a orientação. Existem momentos em que minha orientação é mais óbvia do que outras. Em outros momentos, essa orientação foi tão bela e profunda que me transportou por meio de tempos difíceis. E, assim, vou transformando ideias em realidade.

Acredito que seja interessante eu dizer que essa orientação é chamada por mim de intuição. A intuição é algo com que nascemos e que desenvolvemos ao longo de nossa vida. A intuição amadurece e fica cada vez melhor ao longo do tempo, e o desafio que a maioria das pessoas tem, eu penso, é aprender a ouvir a sua intuição e descobrir como acessá-la de alguma forma. No meu caso, o que descobri foi que as decisões mais importantes que tomei na vida foram baseadas na intuição. Por vezes, as pessoas dizem "você é louca", "como você pôde pensar em fazer isso ou aquilo?", "você perdeu a cabeça". E, no entanto, essa voz diz: "Vá em frente.". Dentre diversos projetos que temos em nossa vida, o mais valioso e o mais importante somos nós mesmos. Precisamos colocar nossos sonhos e nossas ideias em prática, precisamos ser felizes.

Hoje percebo, ainda que timidamente, que toda minha trajetória foi e é permeada pela persistência, e as mudanças, as transformações e as ideias por vezes não são fáceis de realizar. Cada nova ideia ou mudança é um desafio. Parece que, cada vez que tenho estabelecida uma fase "segura", chega a hora de mudar e, portanto, crescer e me transformar. O que virá depois, realmente, não sei, mas sei que serei guiada a cada passo do caminho e a cada sonho.

O pensamento é um passeio da alma, coloco meu pensamento em movimento por meio de minhas percepções e de minhas memórias para analisar, interpretar e depois agir e ter minha vida modificada.

O mundo está em constante transformação, e o que vivi e vivo durante toda a minha vida possibilita-me dizer que, dentro de mim, existe uma vida sem fim. Não devo deixar de lembrar o quanto a serenidade, a resiliência e a segurança em nossas habilidades e capacidades são vitais para transformar nossas vidas e nossas ideias em realidade. Temos que nos questionar sobre o quão estamos preparados para executar nossas ideias e nossos sonhos. Depois, como devem ser nossas reações nos momentos de crise e nos momentos de alegria. Por último, ter a noção clara de que, errando ou acertando no que fazemos, o importante é saber encarar e lidar com as consequências e os resultados das nossas escolhas e das nossas ações.

Desejo que este capítulo seja a minha contribuição de esperança e mudança em sua vida pessoal e profissional e que todas as suas ideias, suas ações e seus sonhos sejam transformados em realidade.

O que vivi e vivo durante toda a minha vida possibilita-me dizer que dentro de mim existe uma vida sem fim.

Daniela Suniga

DIEGO U. S. PALACIN

Sou Diego Palacin, natural da cidade de São Paulo/SP. Atualmente, resido na cidade de Valinhos/SP com a minha família. Sou cristão, filho único e casado com a minha esposa Geize Palacin há dois anos.

Atualmente, eu sou gerente de negócios e demanda na maior indústria farmacêutica do país, mentor de carreira autônomo e membro apoiador do Programa Mastermind. Atuei em sete empresas diferentes e conquistei a posição de liderança aos 28 anos de idade. Sou bacharel em Relações Internacionais, com dois MBAs (um em Gestão Comercial, outro em Marketing) e especialista em Liderança e Negócios, com reconhecimento internacional da University of Miami nos temas: Liderança, Inovação e Desenvolvimento de Pessoas.

Durante toda a minha história, eu tive comigo uma fome sem fim pelo conhecimento, sempre esvaziei o meu copo e mantive a minha humildade para poder aprender mais.

odiegopalacin

odiegopalacin

+55 (19) 99716-2407

odiegopalacin

Diego Palacin

mentor.diegopalacin@gmail.com

10

O DESPERTAR DA MENTE: A CHAVE PARA A INOVAÇÃO

Por Diego U. S. Palacin

Durante esta jornada como coautor da obra, eu estive refletindo por quantas vezes na minha vida eu precisei me reinventar, bem como quantas vezes eu contei com a minha mentalidade inovadora para resolver os meus desafios. Chegar a um cargo de liderança para transformar e edificar vidas aos 28 anos de idade foi uma grande realização e eu devo muito dessa conquista à minha mentalidade inovadora.

O mundo como nós o conhecemos hoje é fruto de uma evolução. Toda a evolução do mundo surgiu historicamente da necessidade do ser humano pela sobrevivência. Desde os tempos bíblicos e mais remotos da sociedade, vemos diversas histórias em que, para sobreviver, os personagens tiveram de se reinventar diante de um problema que, aparentemente, parecia impossível de ser resolvido, porém acabou sendo solucionado graças ao pensamento inovador e criativo dos envolvidos.

É claro que a criatividade também é oriunda de outras duas competências: a **sabedoria** e o **conhecimento**. Vale a pena reforçar conceitualmente que a sabedoria e o conhecimento são duas competências completamente diferentes. O conhecimento é o conjunto de experiências e de informações que se obtém no processo de aprendizagem, já a sabedoria refere-se à forma como se utiliza esse conjunto baseado em crenças, valores e espiritualidade.

Para ilustrar essa introdução, eu resgato a história do herói grego Ulisses, que posteriormente ficou conhecido como "o Odisseu". Ulisses foi o criador do plano inovador e arquitetônico que permitiu que os gregos vencessem uma batalha que, aparentemente, parecia impossível de ser vencida. O herói grego era conhecido por sua astúcia e habilidade estratégica, e é tradicionalmente creditado como o arquiteto do plano do Cavalo de Troia. Segundo a lenda, Odisseu concebeu o plano de construir o cavalo de madeira oco e esconder soldados gregos dentro dele como uma maneira de enganar os troianos e penetrar nas defesas de Troia. Ele propôs essa ideia aos líderes gregos e, eventualmente, o plano foi aceito e executado com sucesso.

Trazendo esse tema para os dias atuais, eu gostaria de iniciar com uma pergunta que vai nos levar para uma reflexão profunda a respeito dos acontecimentos diários de cada um: será que, no dia a dia, ter uma mentalidade inovadora para solucionar problemas é fácil como ligar um interruptor?

Certamente que, no mundo moderno, enfrentamos constantemente uma infinidade de desafios em nosso dia a dia, sejam eles pessoais, profissionais ou sociais. Desde problemas cotidianos até questões complexas, a habilidade de inovar e superar esses desafios tornou-se essencial para o sucesso e a realização. No entanto, muitas vezes nos deparamos com dificuldades significativas para encontrar soluções criativas e eficazes. As razões para isso são variadas, e podemos constatar isso com alguns exemplos práticos:

- **falta de tempo:** em um mundo cada vez mais acelerado, as pessoas muitas vezes se veem sobrecarregadas de responsabilidades e compromissos, o que pode limitar seu tempo e sua energia para se dedicar à inovação e à resolução de problemas;
- **medo do fracasso:** o medo de falhar pode inibir a criatividade e a disposição para correr riscos, e muitas pessoas preferem evitar situações desconhecidas ou desafiadoras, em vez de enfrentá-las de frente e explorar novas possibilidades;
- **conformismo:** algumas pessoas podem se sentir confortáveis com a rotina e resistir a mudanças ou ideias inovadoras, optando por seguir o tradicional em vez de buscar soluções alternativas ou melhores maneiras de fazer as coisas;

- **mentalidade fixa:** uma mentalidade fixa, que se concentra na crença de que as habilidades e os talentos são inatos e imutáveis, pode limitar a disposição das pessoas para aprender e experimentar coisas novas. Em contraste, uma mentalidade de crescimento enfatiza o aprendizado contínuo e a capacidade de desenvolver habilidades por meio do esforço e da prática.

Diante de tudo o que foi apresentado até agora, eu trago um segundo questionamento que vai nos servir como mais um ponto de reflexão para este capítulo: quais são as consequências que a falta de uma mentalidade inovadora pode trazer ao dia a dia? A falta de uma mentalidade inovadora nos tempos atuais pode resultar em situações como: estagnação, perda de competitividade, incapacidade de adaptação, falha na resolução de problemas complexos, realização do potencial máximo limitado e impacto limitado na sociedade. Vamos entender agora, com exemplos, um pouco dessas situações:

- **estagnação pessoal e profissional:** sem uma mentalidade inovadora, as pessoas podem ficar presas em padrões de pensamento e de comportamento antiquados, o que pode levar à estagnação pessoal e profissional;
- **perda de competitividade:** em um ambiente de negócios cada vez mais competitivo, as organizações que não cultivam uma mentalidade inovadora correm o risco de ficar para trás;
- **impacto limitado na sociedade:** muitos dos avanços mais significativos na história foram impulsionados pela inovação – desde avanços científicos e tecnológicos até avanços sociais e culturais.

Para ilustrar essa reflexão, eu resgato um trecho da passagem bíblica que conta a história do rei Salomão, o homem mais sábio e mais rico do mundo. Salomão é conhecido por sua sabedoria, mas essa sabedoria muitas vezes manifestava-se em criatividade e inovação. Um exemplo notável disso foi quando duas mulheres reivindicaram ser a mãe de um bebê e pediram a Salomão que decidisse quem era a verdadeira mãe. Em sua decisão inovadora, Salomão propôs dividir o bebê ao meio, oferecendo metade a cada mulher. A verdadeira mãe imediatamente demonstrou sua maternidade, preferindo renunciar ao bebê a vê-lo dividido. Essa solução criativa revelou a verdadeira mãe e demonstrou a sagacidade e a inventividade de Salomão.

Pesquisas realizadas pelo psicólogo americano Paul Torrance comprovam a influência positiva da criatividade na vida das pessoas: aqueles que desenvolvem uma mentalidade criativa têm mais realizações, pois conseguem enfrentar os desafios com coragem, criar soluções para os problemas e desenvolver uma mentalidade de crescimento. (Silva *et al.*, 2016, *on-line*).

Depois de contextualizar e trabalhar as reflexões sobre a mentalidade inovadora, chegou o momento de trazer a esta leitura três *mindsets* valiosos que me permitiram chegar até um cargo de liderança no mundo corporativo com 28 anos de idade. Esses ensinamentos eu sigo compartilhando com o meu time no trabalho e também em todas as palestras, as *lives* e as oportunidades de multiplicar o meu conteúdo.

1. Cultivar a curiosidade e a abertura para novas ideias: durante toda a minha trajetória profissional, a curiosidade sempre foi a minha grande aliada. Graças à minha curiosidade, eu nunca perdi a minha fome pelo conhecimento, o que me fez viver várias experiências que eu nunca tinha vivido, como frequentar um evento de empreendedorismo em outro estado, mesmo não sendo 100% empreendedor. Com base nessas experiências, eu pude desenvolver novas ideias.

2. Pensar de forma criativa e desafiadora: existem dois *drives* mentais que eu sempre utilizei em toda a minha carreira, que sempre me levaram ao encontro da mentalidade inovadora: "É possível até que me provem o contrário" e "Eu tenho que olhar a situação sob todos os pontos de vista". Graças a essas duas formas de pensar, eu já consegui resolver problemas complexos, como situações de conflito com colegas de trabalho, e também executar projetos inovadores, como programas de mentoria e desenvolvimento customizado.

3. Romper a quarta parede do racional: quanto mais ceticismo estiver presente no nosso pensamento, mais longe estaremos do pensamento inovador. A inovação e a criatividade exigem muitas vezes um salto no escuro e uma viagem ao desconhecido. O pensamento crítico e racional baseia-se na tríade: lógica, evidências e ceticismo. O acesso da capacidade infinita da mente exige o rompimento racional, aqueles que não vivem o absurdo jamais vão chegar ao impossível.

Durante toda a minha jornada pessoal e profissional, eu busquei como fonte de inspiração e aprendizagem as grandes histórias filosóficas, bíblicas e até mesmo as inventadas nos grandes *best-sellers*, como *Harry Potter*, *As Crônicas de Nárnia*, *O Senhor dos Anéis*, entre outros. Porém, nada me trouxe mais aprendizagem do que procurar por bons mentores que pudessem me ensinar. Então, quando eu decidi me tornar um mentor, eu tomei como propósito de vida ajudar as pessoas e multiplicar o meu conhecimento.

Se essa leitura fez sentido para você, eu gostaria que você pegasse agora o seu maior desafio ou problema e aplicasse o passo 3, colocando seu problema de agora na tríade racional e buscando a quebra da quarta parede, propondo uma solução que foge da lógica. Eu tenho certeza de que essa ferramenta vai transformar a sua vida, assim como transformou a minha.

Obrigado pela leitura deste capítulo e, se quiser saber um pouco mais e conhecer o meu programa de mentoria, assim como ter acesso a vídeos e mais conteúdos, acesse o meu Instagram e entre em contato comigo! Será uma honra poder conhecê-lo(a) e ajudá-lo(a) na sua jornada! Um forte abraço!

(Referências ao final do livro.)

O acesso à capacidade infinita da mente exige o rompimento racional. Aqueles que não vivem o absurdo jamais vão chegar ao impossível.

Diego U. S. Palacin

EDMILSON PONTES

Sou Edmilson Pontes e moro no Carmo, cidade da região serrana do Rio de Janeiro. Sou bombeiro militar e instrutor de cursos operacionais e de resgate, como *Stop The Bleed*, ITLS *Military* e APH de combate, além de ministrar palestras e treinamentos. Já treinei milhares de pessoas. Tal experiência inspirou-me a estudar o que faz pessoas resistirem mais e melhor às adversidades do que outras, e isso me fez mergulhar em uma jornada rumo ao desenvolvimento humano. Hoje, sou *Master Coach* especialista em produtividade, treinador comportamental e PNL *Practitioner*, com formação em Neurociência Clínica Terapêutica. Já atendi clientes no Brasil e no exterior.

mastercoachpontes
+55 (21) 99284-1810
Edmilson Pontes Master Coach
pontestreinamentostaticos@gmail.com

DNA DA MENTALIDADE

11

O PAPEL DA FELICIDADE

Por Edmilson Pontes

O ano era 1985, dia 25 de dezembro, em breve eu completaria 11 anos. Foi então que meu pai me chamou e disse: "Este será seu presente de Natal e de aniversário, ok?". Disse isso considerando o preço que o presente havia custado, já que as coisas não eram tão acessíveis naquela época como são hoje. Foi assim que ganhei meu primeiro violão! E estava mesmo feliz naquele dia, afinal era o meu sonho!

Mas, o que meu pai não sabia era que o valor daquele presente em minha vida seria infinitamente maior do que ele jamais poderia imaginar. Por esta e outras felicidades: Gratidão, pai! Te amo!

Porém, somente após mais de 30 anos pude entender com clareza o verdadeiro papel da felicidade. E saber disso é fundamental na nossa jornada de autodesenvolvimento.

Logo, quero, com este capítulo, poupá-lo(a) desses 30 anos e ajudá-lo(a) a capitalizar os benefícios da felicidade para que você atinja seus resultados.

Primeiramente, é preciso que fiquem claros alguns conceitos sobre felicidade. Muitas pessoas definem felicidade como sendo sucesso ou vice-versa, mas, embora estejam intimamente ligadas, uma coisa é completamente diferente da outra.

Segundo o dr. Lair Ribeiro, médico, escritor e palestrante, "sucesso é ter o que você quer, e felicidade é querer o que você tem." (Felicidade..., [*s.d.*], *on-line*). E essa definição, muito alinhada ao conceito budista de felicidade, por si só já nos dá um parâmetro bem relevante. Mas, vamos aprofundar um pouco mais?

Acreditava-se que a felicidade era tema a ser estudado somente pela filosofia, mas hoje há na ciência muitos estudos que tratam sobre a felicidade, inclusive questionando o senso comum, dessa forma a psicologia cognitiva e a neurociência trazem um outro olhar acerca da felicidade.

O que dizem os filósofos: Aristóteles falava sobre "eudaimonia", que seria algo como "prosperidade humana", uma forma de bem-estar que se baseia na busca da excelência moral e intelectual. Já os estoicos tinham uma visão bem específica sobre a felicidade, eles afirmavam que a felicidade está intrinsecamente ligada à virtude e à aceitação do curso natural da vida, de modo que "a verdadeira felicidade reside na capacidade de manter a calma e a paz interior, independentemente das adversidades, vivendo-se em conformidade com a natureza e aceitando o que não pode ser mudado" (Coelho, 2011, *on-line*). Trata-se de um estado que eles chamavam de "ataraxia", uma tranquilidade interior e serenidade diante das circunstâncias externas.

O que diz a neurociência: estudos sugerem que a felicidade está associada a um conjunto de neurotransmissores (dopamina, GABA, serotonina, ocitocina, endorfina e adrenalina) que atuam na ativação de áreas específicas do cérebro, como o córtex pré-frontal e o sistema límbico, regiões envolvidas no processamento de emoções positivas, como alegria e **gratidão**.

Podemos hoje facilmente encontrar infinitas definições para a felicidade, mas cabe deixar claro que a verdadeira felicidade depende da pessoa que a está experimentando.

Sabendo disso, vem a grande questão: qual o papel da felicidade? Qual a importância dela para nossa vida e nosso bem-estar?

Afinal de contas, fomos doutrinados desde a infância a crer que a felicidade está no pote de ouro no fim do arco-íris e acabamos criando crenças como: "quando passar no vestibular...", "quando eu conseguir meu emprego ideal...", "quando comprar aquele carro, aquela casa...", "quando eu emagrecer...", "quando eu conquistar o relacionamento dos sonhos...", "... aí serei feliz".

No entanto, você concorda comigo que, se isso fosse verdade, deveríamos ter inúmeras pessoas felizes no mundo com suas realizações? Nós mesmos deveríamos ser. A não ser que você nunca tenha conquistado nada que desejou... Mas, eu e você sabemos que isso não é verdade. Acabamos sempre empurrando a felicidade para um próximo passo, uma próxima conquista. Será que nossa felicidade sempre estará no futuro?

O problema de a felicidade estar sempre atrelada a algo distante, no futuro, e que demanda esforço, dedicação, disciplina, é que isso, muitas vezes, causa frustração e ansiedade. E isso se torna ainda mais grave, quando a **gratidão** se apresenta como consequência da felicidade.

Isso fica fácil de entender quando olhamos alguns estudos que mostram que nosso cérebro tem por instinto o hábito de prestar atenção mais no negativo, no que causa risco à sobrevivência. E, se olharmos em volta, nos noticiários, o que vemos? Mais notícias agradáveis e confortantes ou uma chuva de caos e violência? Isso nos faz crer justamente que estamos imersos em um mundo de desesperança e desamparo, assim fica fácil acreditar que o normal é ser infeliz ou apático e que a felicidade exige um esforço às vezes sobre-humano.

A verdade é que ser feliz é uma decisão, mas e se eu lhe disser que nos ensinaram errado a vida toda e que essa ordem está invertida?

É exatamente por isso que decidi trazer, neste pequeno capítulo, uma nova forma de pensar, para com isso impactar positivamente sua vida e seus resultados. Eu poderia citar diversos artigos científicos e inúmeras referências que corroboram o que vou dizer aqui. Mas, realmente, nosso papo aqui precisa ser direto e reto. O fato é que esses estudos e essas pesquisas recentes têm revelado uma descoberta fascinante: a felicidade não é apenas um estado emocional desejável, mas também um poderoso preditor de resultados positivos. Uma mente feliz e positiva não apenas melhora o bem-estar pessoal, como também impulsiona a produtividade, a criatividade e a resiliência, tornando-a uma aliada indispensável na jornada em direção ao sucesso e à realização pessoal.

Então, seja feliz e, consequentemente, você terá muito mais resultados.

Não estou dizendo aqui que você deva viver em um "mundo de fantasias", mandando mensagens de bom dia com emojis e flores no grupo do trabalho, não é isso. Mas há algumas formas de você já ir treinando sua mentalidade para torná-la mais positiva e, assim, poder colher os benefícios que essa positividade lhe proporcionará.

Há um fenômeno estudado pela neurociência, a "codificação preditiva", que, em uma mentalidade mais positiva e feliz, contribui na capitalização de resultados favoráveis, facilitando a identificação de oportunidades e a solução de problemas. E, baseando-se no princípio da neuroplasticidade, podemos afirmar que a felicidade é uma habilidade que pode ser desenvolvida, não um mero acaso ou consequência

Considerando todo o exposto acima, ficou claro que o sucesso resulta da felicidade, não o contrário, e que ter uma mentalidade positiva é um importante preditor de um elevado potencial competitivo. Por isso, deixo aqui para sua reflexão cinco dicas cientificamente comprovadas de ações e atitudes que, se você tomar, irão potencializar sua mentalidade positiva e, consequentemente, seus resultados e sua vida.

1. Não se isole, tenha uma rede de apoio: muitas vezes, quando nos deparamos com algum desafio, a pressão e o estresse podem acabar nos levando a focar o problema, isolando-nos dos nossos relacionamentos sociais, que são justamente uma importante fonte de bem-estar e um antídoto antiestresse.

2. Esteja atento(a), pois as oportunidades vêm disfarçadas de problema: sabe aquele dito popular, "o que não mata nos fortalece"? Então, a vida é feita de picos e vales, e treinar sua mente para capitalizar as oportunidades mesmo nas adversidades proporciona a você resiliência para sair ainda mais fortalecido(a) de uma situação desfavorável. Um bom exemplo disso é o "Efeito Viagra", mas calma, não é nada disso que você está pensando. Estou falando do fato de o medicamento ter sido desenvolvido para o tratamento da angina e, embora não tenha apresentado os resultados esperados, revelou-se benéfico no tratamento de uma disfunção erétil, o que fez com que uma estratégia fosse criada e redirecionasse o medicamento, tornando-o um dos mais rentáveis para a empresa Pfizer na época.

3. Comemore cada pequena vitória: a psicóloga e pesquisadora Kelly McGonigal, professora da Universidade de Stanford e autora do livro *The willpower instinct* (2012), afirma que nossa força de vontade é finita, porém ela também é treinável, e uma das ferramentas para fortalecer a sua força de vontade está diretamente ligada ao nosso sistema de recompensa dopaminérgico. Comemorar as suas pequenas vitórias irá reforçar a ação realizada, irá fazer você querer buscar mais disso, promovendo a criação de novos caminhos neurais de hábitos positivos.

4. Torne o certo fácil e o errado difícil: lembra do violão? Então, o que eu não lhe contei foi que, no mesmo dia em que ganhei o meu, uma amiga também ganhou um e começamos a aprender a tocar. Enquanto eu literalmente vivia 24 horas com o violão (até nas horas de aperto no banheiro, lá estava ele, eu dormia e acordava com o violão ao lado, de conchinha e tudo), ela, muito mais cuidadosa, após cada treino, desafinava as cordas, ensacava, punha na capa, dentro da caixa, e o guardava sobre o armário. E, sempre que ela queria treinar, adivinhe? Tinha todo aquele ritual, tornando sua experiência muito mais dificultada. Já eu bastava abrir os olhos ao acordar e tirar o primeiro acorde. E, no fim, você já deve imaginar quem aprendeu a tocar e quem ficou pelo caminho.

5. Seja grato(a): o psicólogo Robert A. Emmons, em seu livro *Thanks!: how the new science of gratitude can make you happier*, explora o poder transformador da gratidão e como cultivar uma mentalidade de gratidão pode impactar positivamente a vida das pessoas, isso com base em rigorosas pesquisas científicas e estudos empíricos sobre os seus efeitos no cérebro, no sistema imunológico e nas emoções. O autor valida a ideia de que não é a felicidade que precede a gratidão, mas sim o contrário, sendo a gratidão uma importante preditora de uma vida mais feliz e satisfatória.

Ao finalizar este capítulo, considere-se dando mais um importante passo no sentido de ter sua mente mais fortalecida e permita-se capitalizar os benefícios de ter uma mente mais positiva, desfrutando do verdadeiro papel da felicidade. Lembre-se sempre desta nova ordem: seja grato(a)... e então será mais feliz... e terá muito mais sucesso!

Aplique isso em sua vida, depois me conte o resultado. Até breve!

(Referências ao final do livro.)

Ser feliz é uma decisão. Então, decida agora! Seja grato(a), logo será mais feliz e, então, terá muito mais sucesso!

Edmilson Pontes

EDNILSE GALEGO

Sou Ednilse Galego, natural da capital de São Paulo e, desde 2022, moro em Balneário Camboriú/SC. Durante 25 anos exerci a Medicina Veterinária, como docente da graduação e pós-graduação, em todo o território brasileiro. Ao atravessar perdas pessoais e profissionais, julgadas injustas por mim naquela época, transformei minha vida por meio do autoconhecimento e pela física quântica. Encontrei minha missão de vida aos 45 anos de idade e, hoje, acolho tutores com a dor do luto pet, pelas comunicações intuitivas telepáticas e pela visão sistêmica aplicada aos animais. Ressignifiquei minha história e encontro-me neste lugar porque descobri o caminho do amor que cura.

ednilsegalego

+55 (17) 99814-8181

www.animaisdanovaera.com.br

animaisdanovaera@gmail.com

DNA DA MENTALIDADE

12 A MENTALIDADE DA ACEITAÇÃO E DO PERDÃO

Por Ednilse Galego

Não poderia imaginar que a aceitação e o perdão, colocados em situações de perdas e desafios que julguei como injustos, no passado, teriam o poder de condução ao amor que cura, para que hoje pudesse acolher tutores na dor pela perda de seus animaizinhos.

Aceitar e perdoar situações dolorosas ou vistas como injustas podem não ser tarefas fáceis de se aplicar. Mas, acredite, isso é possível, se olharmos a vida e seu fluxo com mais profundidade.

Formei-me como médica veterinária aos 22 anos de idade, casando-me no mesmo ano em que me formei. Após 10 anos de conquistas pessoais e financeiras e de muita dedicação até chegar à docência, minha vida emocional, afetiva, profissional e financeira começaram a desmoronar. Apresentei insônia, sem resposta a tratamento, depressão pós-parto, demissão repentina, separação de um casamento de 20 anos e perda do apoio familiar e de amigos. A demissão inesperada, a insegurança financeira e o divórcio impediram o convívio diário com meu filho, de seis anos na época. E, a fase que era para ser de desfrute, tornou-se um caos.

Quando passamos por desafios dolorosos e injustos, corremos o risco de ficar presos aos sentimentos de raiva, amargura e tristeza por anos, interrompendo o fluxo de vida que nos leva à nossa alma. E, longe dela, nos afastamos da paz e adoecemos emocionalmente.

Os conhecimentos técnicos e científicos são fundamentais para obtermos recursos materiais que proporcionam qualidade de vida e segurança, mas eles não trazem habilidades emocionais para o enfrentamento dos desafios da vida, tampouco impedem desequilíbrios psíquicos importantes.

Encontrar nossa alma é chegar à essência de quem somos de verdade, também chamada de intuição e local que abriga a centelha de amor do

Criador. Chegamos à nossa alma quando encontramos intimidade e harmonia conosco, fazendo as pazes com nosso passado e integrando todas as histórias contidas nele. Nesse momento, tornamo-nos mansos, alegres, amorosos, solidários e visitados constantemente por uma sensação de plenitude, mesmo perante as adversidades da vida.

Se esses sentimentos não se fazem presentes na maior parte do seu dia, isso demonstra o quanto você está longe de quem você realmente é. A não aceitação e a falta de perdão de uma parte da sua história podem estar contribuindo para esse afastamento. Chegar à essência é integrar a complexidade das nossas emoções, dizendo sim para todas as alegrias e dores vivenciadas nesta existência.

A frase "quando você para de brigar com a vida, a vida para de brigar com você" nos ensina que as situações que não podemos solucionar, solucionadas estão. É o momento de dizer sim para o não que a vida está nos apresentando. A não aceitação, sem ressignificação dos fatos, causa-nos adoecimento emocional e/ou físico, pois nos colocamos em resistência ao fluxo da vida.

Quando os acontecimentos do passado geram angústias, tristezas, ansiedade e/ou ira, bloqueamos o estado de harmonia e alegria que precisamos ter para chegar até este lugar sagrado que é a nossa essência. E, sem aceitação, não há perdão.

Enquanto houver julgamento, vitimismo e/ou raiva em nossas células, sem vontade de transformação, estaremos em profundo sofrimento.

Todo movimento que interrompe o acesso ao bem-estar físico e emocional, afastando a harmonia entre a mente e o corpo, nos fere mais que a própria situação vivenciada no passado.

Desenvolvi a mentalidade da aceitação e do perdão com o autoconhecimento, os princípios da física quântica e das leis que regem o universo.

Autoconhecimento é conhecer o que não sabemos de nós. Ele é um processo dinâmico e eterno, realizado por meio de diversas práticas terapêuticas, com o objetivo de dar outro significado às situações vivenciadas e organizar emoções que impedem o nosso bem-estar emocional.

Um sentimento que impede a aceitação é a culpa. Libertamo-nos da culpa que colocamos nos outros ou em nós mesmos quando decidimos sair do papel de vítima. A culpa retira todas as chances de você se amar e, consequentemente, amar as outras pessoas. Observe se você tem estes diálogos internos:

— "por causa de tal pessoa ou situação, minha vida está assim";

— "se tivessem agido diferente comigo, nada disso teria acontecido";

— "estou nesta situação porque não tenho oportunidade de mudar";

— "eu não deveria ter feito isso";

— "por que eu não vi esta situação antes?";

— "eu não sirvo para nada";

— "eu fiz tudo errado";

— "agora já é tarde demais para fazer algo diferente".

Nas situações consideradas irreparáveis ou irreversíveis, a dor pode estar presente, mas a vitimização amarra-nos ao sofrimento, paralisando-nos no passado. A mente, presa no passado, impede a elaboração de um aprendizado e de possibilidades de transformações importantes que o fluxo da vida está nos pedindo nesse momento.

Após acolher e validar todas as emoções geradas pelos desafios, busque a aceitação, fazendo-se as perguntas abaixo, e aguarde, ao logo do tempo, as respostas:

— O que esta situação quer me mostrar?

— Quais as transformações que eu devo realizar em mim depois deste acontecimento?

— Mesmo com medo e triste, para onde a vida quer me levar?

— Qual o próximo passo a ser dado?

— Como posso me libertar dos sentimentos que me prendem ao passado e que me prejudicam?

Essa mudança de postura vem acompanhada de alívio emocional, principalmente quando as respostas vão surgindo discretamente e as percepções dos acontecimentos vão ocorrendo.

Mesmo machucado(a) e sozinho(a), largue o "por que" e busque por "o que" você precisa aprender. Dessa forma, o fluxo da vida o(a) levará ao encontro da sua alma, que é intocável, mesmo que seu corpo tenha sido ferido.

O erro faz parte da existência humana, mas, ao falhar verdadeiramente, abandone o sentimento de culpa, preferindo ficar com a responsabilidade, a partir da qual transformações internas são realizadas para impactar diretamente os seus próximos passos.

Quando o "erro" vem do outro, pode ser difícil perdoar. Mas, sem aceitação, não há perdão.

Para entendermos como a física quântica e as leis universais descritas no livro *Caibalion* (2018) podem nos ajudar na mentalidade da aceitação e perdão, vou apresentar outra frase, explicada por Joe Vitali e Thomas W. Campbell (ex-Nasa), que virou o rumo da minha vida: "Não existem vítimas no Universo".

Assim como a Lei da Gravidade, somos regidos pela Lei da Causa e Efeito. Essa lei não é sobre o bem ou o mal, o certo ou o errado das coisas, mas sim sobre a formação de um campo eletromagnético que tem a capacidade de atrair ou repulsar pessoas e situações a partir dos sentimentos produzidos pelos pensamentos. E, por isso, nunca há vítimas e nem culpados nas situações que nos acontecem. Os acontecimentos bons ou negativamente impactantes surgem por ressonância entre todos os envolvidos, mesmo que não haja compreensão detalhada dessa complexidade.

Jesus já falava sobre a justiça divina. Por isso, não existe acaso, coincidências, azar ou sorte no universo, há um campo eletromagnético atrator entre as pessoas e situações envolvidas, que tem a capacidade de gerar os eventos que precisamos vivenciar. O fluxo da vida sempre irá trazer acontecimentos "bons" ou "ruins", para nos conduzir a transformações profundas de forma que possamos nos encontrar com quem realmente somos em essência.

Quando somos bons, justos e reconhecemos nossos valores, pode ser difícil aceitar algumas situações, mas nesse momento, os desafios da vida são formas de você enxergar até onde o amor entra em você.

O amor que conhecemos é limitado, assim como a compreensão do perdão.

O perdão está ligado ao amor presente na alma, e esta é desprovida de julgamento e separação. Perdoar é sobre integrarmos um aspecto importante do amor.

Perdoar não é uma moeda de troca, em que ganhamos a salvação nos céus. Tampouco é ver a pessoa que o(a) feriu como diferente de você, colocando-se numa posição de superioridade, em que a pessoa que fere é má e você, que tem a capacidade de perdoar, é bom(a).

Quando julgamos os outros como maus ou loucos, sentimo-nos superiores a eles e então somos incapazes de compreender, perdoar e amar.

Todos nós possuímos alma, portanto somos amor em essência. E, longe dela, as pessoas ferem e estão em sofrimento. Então, somente quem está ferido é capaz de ferir.

Quando enfrentamos situações em que é difícil amar e ser gentil e a nossa capacidade de ser generoso(a) é desafiada, o fluxo da vida está nos apresentando algum aspecto do amor a ser incorporado pela nossa alma.

O perdão não é sobre o outro, mas sim sobre ir ao encontro do amor da alma, que pode curar todas as feridas da humanidade, pois ele é a fagulha do amor do Criador, que nos habita. Aceitação e perdão é quando você olha para o todo, não somente para as partes dos acontecimentos.

Aceitar e perdoar não é:

— concordar com o que o outro fez;

— esquecer os fatos;

— conviver com o outro;

— deixar de tomar providências jurídicas;

— desvalidar as consequências.

Para você desenvolver a mentalidade da aceitação e do perdão, libertar-se mais facilmente dos sofrimentos psíquicos e promover grandes transformações em sua vida, vou sugerir que responda as perguntas a seguir.

— Você se culpa por algo?

— Em qual parte da sua vida você se coloca como vítima?

— Em qual parte de você ainda há um julgamento?

— Qual parte de você precisa de perdão?

— Quem você culpa?

— Quem você julga?

— Quais as pessoas que você não perdoou que estão o(a) impedindo de se livrar da dor?

— Quanto de resistência você coloca nos acontecimentos que você não pode mudar?

Após sincera análise, liste os aprendizados que as situações desafiadoras já lhe trouxeram e, por meio da mudança do seu diálogo interno, desfrute com mais amorosidade as transformações que a nova mentalidade lhe proporcionará.

(Referências ao final do livro.)

Aceitar e perdoar é integrar a limitação do outro, enquanto amar é ver a sua totalidade, pois, sem amor, não há salvação.

Ednilse Galego

Foto por: BeEbaide

ELIENAI PUDANOSCHI

Sou a Elienai, mãe da Gabriela, de 26 anos, e do Tiago, de 24. Sou natural de Pérola/PR e atualmente resido na Flórida/EUA. Atuo como terapeuta sistêmica familiar, analista comportamental e *coach* de relacionamento entre pais e filhos, há mais de 15 anos envolvida na área social e no cuidado com pessoas.

No entanto, foram minhas experiências com os meus filhos e os resultados que obtive no relacionamento com eles que fazem de mim a mãe mais feliz e realizada, e isso não é ser perfeita nem ter filhos perfeitos, mas sim relacionar-me com respeito, amor, leveza, confiança, liberdade, afetividade e segurança. E foram meus filhos que me sugeriram ajudar outros pais a viverem essa realidade também, com seus filhos.

naipudanoschi

Elienai Pudanoschi

+1 561 257 7818

naipudanoschi

Elienai Pudanoschi

elienaipudanoschi@gmail.com

NAIPUDANOSCHI

13 A MENTALIDADE CERTA PARA A EDUCAÇÃO DOS FILHOS

Por Elienai Pudanoschi

Será que há um jeito certo para educar os filhos? Há um dito popular que diz: "Filho meu, mando eu". Cada pai e mãe procura dar o melhor aos filhos, mas nem sempre o resultado sai como o esperado. E por que, se os pais se esforçam tanto e se dedicam a dar o melhor aos filhos?

Essa é a razão pela qual eu me dispus a investir nos relacionamentos entre pais e filhos, e vou compartilhar um pouco das minhas experiências como mãe e mentora de pais neste capítulo.

Sempre foi desafiador treinar e educar um "serzinho" do nascer até a vida adulta. Mas neste tempo atual tem sido muito mais.

As influências sociais, políticas, culturais, cibernéticas, o acesso fácil e precoce à *internet*, assim como os excessos de informações, tem influenciado e tumultuado o desenvolvimento do ser humano, afetando até mesmo o sistema cognitivo das crianças.

Pesquisas[1] apontam que o uso de dispositivos eletrônicos diminuiu a capacidade de comunicação, de resolução de problemas e de sociabilidade de crianças de até 5 anos. E o problema não se limita à primeira infância — o contato excessivo com telas mexe com o cérebro de jovens, que ainda não está suficientemente amadurecido para controlar impulsos, fazer julgamentos, manter a atenção e tomar decisões.

Mas os desafios não param por aí. Há um afastamento entre pais e filhos, não apenas físico, mas também afetivo, de confiança, liberdade e

---

1 BIERNATH, André. Como uso excessivo de celular impacta cérebro da criança. **BBC News Brasil**, [*S.l.*], 24 mar. 2022. Disponível em: https://www.bbc.com/portuguese/geral-60853962. Acesso em: 16 maio 2024.

amor, quase de alma e espírito. A rotina agitada e estressante, repleta de responsabilidades profissionais e interesses financeiros, tem dificultado a construção de vínculos significativos entre pais e filhos.

A pressão social, organizada sutilmente dentro de um sistema político, impõe normas ao papel dos pais, disfarçando o objetivo de enfraquecer a família para manter o controle social. A normalização do divórcio, a ausência de modelos parentais positivos, traumas, abusos, negligências, abandonos, diferenças geracionais e mudanças culturais (como a migração), somados às demandas emocionais e naturais da vida, nos alertam para a necessidade de os pais se conscientizarem e agirem em favor da família.

É tempo de unirmos forças, desprezar a ignorância, as diferenças religiosas, sociais, culturais, direcionarmos nossa atenção e agirmos em favor de restaurar as bases da reconstrução da família nesta sociedade adoecida em que estamos!

E esta deve ser uma responsabilidade pessoal trazida para o "eu" de cada um de nós. É na minha casa e na minha família que tudo inicia.

Caso contrário, podemos imaginar como estarão as próximas gerações? Na verdade, a nossa geração de netos e bisnetos.

Diante dessa realidade, como nós, pais e mães, podemos nos posicionar para reverter esse quadro?

Observo que muitas pessoas estão confusas e perdidas em meio a tantas ideologias, influências sociais, políticas, religiosas e já não sabem quem realmente são, o que querem e por que existem e, se os pais estão assim, podemos imaginar as crianças e as próximas gerações.

Desde que os meus filhos eram pequenos, eu os orientei para que, diante de um caos, devemos parar, respirar fundo três vezes e pensar numa solução para sair do caos.

Diante do caos na sociedade e na família, os pais precisam agir. Devemos parar e observar o estado de nossas crianças, adolescentes, jovens e nós mesmos, além das propostas políticas e sociais, valores e princípios. É crucial avaliar os ciclos geracionais e suas consequências e compreender quem somos como indivíduos.

Quando estamos perdidos, o melhor é voltar ao início e refazer o caminho. Devemos retornar à nossa origem, entender a criação de tudo, do ser humano e seu DNA, da família, e reconhecer nossa verdadeira identidade voltando-nos ao Criador. A partir do princípio criacionista, vejo Deus como um artista que cria uma obra-prima com amor e atenção em cada detalhe. Ele deu vida ao primeiro homem e, deste, formou a primeira mulher, concedendo-lhes existência e livre-arbítrio para explorar e desfrutar de sua criação. Ao observarmos o mundo, percebemos as pinceladas de Deus: cada nascer do sol, flor que desabrocha e cada risada de uma criança, nos lembra da criação maravilhosa e planejada por um Criador amoroso.

"Então disse Deus: 'Façamos o homem à nossa imagem, conforme a nossa semelhança. [...]' homem e mulher os criou. Deus os abençoou, e lhes disse: 'Sejam férteis e multipliquem-se! Encham e subjuguem a terra!' (Gn. 1:26-28)[2].

Voltar-nos ao princípio requer reconhecer o nosso DNA com o do Pai. A partir desse princípio, torna-se possível reajustar e dar sentido a uma nova mentalidade como filhos legítimos que somos.

"E Deus viu tudo o que havia feito, e tudo havia ficado muito bom" (Gn. 1:31)[3] .

Se tudo que foi criado no princípio ficou bom, o que aconteceu que agora está ruim?

O DNA contém as informações genéticas que determinam a hereditariedade, características físicas, comportamentais e bioquímicas de um organismo, bem como a certas doenças e condições de saúde. Se o Criador nos fez à Sua imagem e semelhança, logo carregamos a carga genética do Pai da humanidade.

Estudos em laboratório buscam modificar o DNA, porém, apesar de alguns avanços científicos por mutações, edição de genes, terapia, recombinação e engenharia genética, o que se tem conseguido é a inserção, remoção ou alteração de genes em um organismo para obter algumas características desejadas, como resistência a doenças, aumento da produção de alimentos ou desenvolvimento de terapias genéticas para tratar doenças.

---

[2] GÊNESIS 1: A criação. *In*: BÍBLIA: Nova Versão Transformadora. [*s.d.*]. Disponível em: https://www.bibliaonline.com.br/nvt/gn/1. Acesso em: 16 maio 2024.

[3] Idem.

A ciência relata que as alterações no DNA acontecem devido a mensagens enviadas por meio dos genes, que por sua vez recebem informações das células, e estas recebem de uma variedade de fontes, incluindo sinais ambientais.

Independente das diferenças entre os seres humanos, somos todos semelhantes, gerados de um DNA único, originado do Criador, com um desejo intrínseco de sermos amados e um destino determinado. Observando que os fatores externos influenciam as alterações no DNA, podemos compreender que esses mesmos fatores contribuíram para a situação atual em que nos encontramos. O plano original do Criador tem sido modificado por influências externas, arquitetadas sutilmente pela malignidade do adversário de Deus. Essas influências manifestam-se por meio de "autoridades" diversas – religiosas, governamentais, parentais, e até individualistas e egocêntricas – todas voltadas aos interesses por poder, domínio, dinheiro e controle social. Essas autoridades elaboram leis que buscam robotizar os seres humanos, ditam regras para vivermos controlados e vigiados até mesmo dentro de nossas próprias casas.

O alvo primordial desse ataque sempre foi a família, que sustenta os princípios e valores constituídos pelo Criador. Principalmente a figura paterna, representante de autoridade e proteção, quando ela é enfraquecida e minada, todos os demais membros da família são afetados, especialmente os filhos, e consequentemente, as gerações futuras. Assim, a sociedade como um todo sofre o impacto, afastando-se cada vez mais do plano perfeito original concebido por Deus.

O que o ser humano mais deseja, desde o nascer até o morrer, é se sentir amado, importante e pertencente.

Como pensar e agir de forma prática e assertiva para educar os filhos e protegê-los dessa realidade turbulenta e confusa em que estamos inseridos e fazer com que os filhos estejam protegidos e amparados no seio familiar?

Mediante as minhas experiências há mais de 20 anos lidando com o comportamento humano e sendo mãe de dois filhos, concluo que **para se ter filhos bem consolidados, se sentindo amados e protegidos, os pais precisam ser suas principais referências**, estarem mentalmente conectados com sua espiritualidade e consigo mesmos, ter consciência e responsabilidade das suas demandas emocionais, físicas, familiar e social, com uma mentalidade responsável, para dar clareza de um destino para os filhos, auxiliando-os na jornada até a vida adulta.

Aqui estão alguns dos principais requisitos para alcançar isso: oferecer afeto e amor incondicional; comunicar-se de forma clara e coerente na linguagem da criança; proporcionar apoio e carinho em um ambiente seguro e acolhedor; estar disponível para ouvir e se comunicar de forma honesta e respeitosa; ser um exemplo a ser seguido dentro e fora de casa; estabelecer limites e manter consistência na disciplina; participar ativamente e respeitosamente na vida dos filhos; estar presente em eventos importantes, apoiar o aprendizado acadêmico e participar do crescimento emocional das crianças; reconhecer que cada criança é única e ajustar as demandas com flexibilidade; e ensinar a criança a seguir princípios e valores espirituais.

O pai que se empenha favoravelmente pelos seus filhos, com a capacidade, humildade e ferramentas que possui, contribui para que os filhos e toda a família se aperfeiçoem diariamente como indivíduos. Os seres humanos têm como responsabilidade mútua cuidar uns dos outros e do mundo ao seu redor, amar e ser amados, independentemente das suas crenças, valores, religião, cultura, poder ou títulos... Todos têm algo em comum: origem, desejo e destino.

Concluímos que, para sermos pais que atendem adequadamente às demandas da educação dos filhos, é essencial investirmos tempo em nosso próprio autoconhecimento e autorreflexão. Ao reconhecermos nossas forças, fraquezas e áreas de crescimento, tornamo-nos pais mais conscientes, compassivos e eficazes. Esse compromisso com o autodesenvolvimento é fundamental para a criação de uma mentalidade adequada, permitindo-nos guiar nossos filhos de maneira saudável e positiva.

Diante de toda essa realidade, como você, leitor, se vê e se encaixa nesse contexto: como pai, mãe ou indivíduo na sociedade?

Para ter filhos bem consolidados, que se sintam amados e protegidos, os pais precisam ser suas principais referências.

Elienai Pudanoschi

FERNANDA GERING

Sou Fernanda Severo Gering, natural de São Luiz Gonzaga/RS e resido em Luis Eduardo Magalhães/BA. Sou filha de Almindo Gering e Lenoara Gering e mãe de Pedro Fontoura e Lara Fontoura.

Tornei-me mentora de mulheres e terapeuta sistêmica depois de passar por um processo doloroso de cura e ressignificação. Senti no meu coração a necessidade de transbordar e ajudar mulheres a se desenvolverem para também alcançarem a vida plena a amorosa que todas nós merecemos! Superei grandes desafios e provei que é possível mudar a própria vida por meio do autoconhecimento e de um desejo ardente de ajudar pessoas a se desenvolverem e evoluírem em todas as áreas de suas vidas. Sou licenciada em Ciências Biológicas, mestra em Biologia Celular e Molecular e atuo na educação básica e superior há 20 anos.

fernanda.gering

+55 (77) 99974-2517

+55 (77) 98135-2949

Site: fernandagering.com.br

mentora@fernandagering.com.br

DNA DA MENTALIDADE

14 A RAIZ INCONSCIENTE DA MENTALIDADE

Por Fernanda Gering

No caminho do autoconhecimento e do desenvolvimento pessoal, encontramos elementos fundamentais que moldam nossa maneira de pensar, agir e interagir com o mundo ao nosso redor.

Com a perda repentina e precoce de meu pai, acabei desenvolvendo depressão, ansiedade e fibromialgia logo aos 20 anos. Numa busca incessante por explicações para o que sentia e vivia, nunca me contentei com respostas rasas e superficiais. Percebi, então, que não saber sobre o inconsciente e como ele atua em nossa vida pode acarretar doenças psicossomáticas que nos acompanharão ao longo da nossa existência, a menos que tenhamos coragem de olhar além do aparente.

Neste capítulo, compartilharei um pouco do que aprendi nesses 20 anos de experiência e muito estudo. Aqui, mergulharemos na raiz inconsciente da nossa mentalidade, compreendendo os segredos por trás de nossos padrões de pensamentos e comportamentos. Muitas vezes, temos a noção de que as escolhas que estamos tomando nas nossas vidas são equivocadas, entretanto, não damos conta de realizar as mudanças necessárias para realmente tomar as decisões assertivas e com propriedade.

Ao compreendermos o DNA da nossa mentalidade, podemos desvendar os segredos por trás de nossos padrões de pensamentos e comportamentos, capacitando-nos a criar mudanças positivas e duradouras em nossas vidas. Sendo assim, abordaremos temas essenciais no entendimento do nosso inconsciente: como nosso cérebro funciona, por meio da teoria do cérebro trino, nossa herança transgeracional por meio da Epigenética e as dinâmicas familiares por meio das três leis sistêmicas.

No âmago de nossa existência reside um órgão extraordinário, cuja complexidade e funcionalidade transcendem nossa compreensão imediata: o cérebro humano. Uma das teorias mais influentes para entender a estrutura e funcionamento desse órgão é a teoria do cérebro trino, proposta pelo renomado neurocientista Paul D. MacLean na década de 1970. Segundo ele, nosso cérebro está dividido em três partes: o cérebro reptiliano (instintivo, com funções essenciais de sobrevivência e 55% responsável pelas nossas escolhas e atitudes), o cérebro límbico (processa e regula emoções e é 38% responsável pelas nossas escolhas e atitudes) e o neocórtex (funções cognitivas superiores, é apenas 7% responsável pelas nossas escolhas e atitudes) (MacLean, 1990).

Uma das implicações mais significativas dessa teoria é a compreensão da importância do inconsciente em nossa vida cotidiana. Enquanto o neocórtex, a parte consciente do cérebro, permite-nos processar informações de maneira racional e lógica, é o cérebro límbico e, em parte, o reptiliano que influenciam fortemente nossas emoções, intuições e impulsos inconscientes.

Além disso, olhar para o inconsciente à luz da teoria do cérebro trino também nos permite compreender melhor as origens de certos padrões comportamentais e emocionais que podem ser enraizados em experiências passadas, memórias emocionais ou influências familiares. Essa consciência capacita-nos a lidar de forma mais eficaz com desafios emocionais, a ressignificar traumas passados e a promover uma maior harmonia em nossos relacionamentos pessoais e profissionais.

Quando falamos de inconsciente, vem-nos à luz a influência dos nossos antepassados a partir da Epigenética, ciência que investiga se as características herdadas por indivíduos podem estar associadas não somente ao código genético, mas também a modificações químicas presentes no DNA. Portanto, a Epigenética refere-se aos mecanismos que controlam a expressão dos genes, sem alterar a sequência do DNA. Em vez disso, esses mecanismos modificam a estrutura do DNA ou as proteínas associadas a ele, influenciando se um gene é ativado ou desativado. Desse modo, a Epigenética traz à luz como a interferência celular dos nossos ancestrais continua a moldar nossas vidas até os dias de hoje.

Uma das descobertas mais fascinantes da Epigenética é a capacidade de nossas experiências e ambientes de vida influenciar a expressão de nossos genes e, potencialmente, ser transmitida para as gerações futuras. Por exemplo, estudos mostraram que eventos estressantes vivenciados por nossos antepassados podem deixar marcas epigenéticas em seus genes, que podem ser transmitidas aos descendentes e afetar sua saúde e bem-estar (Ferreira; Souza, 2018; Silva; Santos, 2017).

Embora a herança epigenética possa parecer uma ideia revolucionária, ela nos oferece uma nova perspectiva sobre a complexidade da hereditariedade e a interação entre natureza e criação. Ao compreendermos a influência dos nossos antepassados e do nosso ambiente no nosso epigenoma, somos capacitados a tomar medidas para promover a saúde e o bem-estar não apenas para nós mesmos, mas também para as gerações futuras.

Com isso, ao reconhecermos a influência epigenética de nossos antepassados em nossas vidas, somos lembrados do incrível poder da consciência e da intervenção. Embora possamos carregar o legado de nossos ancestrais em nossas células, também temos o poder de moldar nosso próprio destino através da ressignificação do inconsciente, baseados nas três leis sistêmicas descritas por Bert Hellinger (2007).

Em um nível mais profundo, somos influenciados por padrões e dinâmicas que transcendem nossa própria experiência individual: as dinâmicas familiares. Bert Hellinger, por meio da descrição das três leis sistêmicas, presenteia-nos com um mapa para compreendermos as complexidades dos sistemas familiares e organizacionais.

A **lei do pertencimento** lembra-nos da importância de honrarmos todos os membros de um sistema, reconhecendo seu valor e contribuição única. Isso está relacionado aos eventos bons e também aos difíceis, como um assassinato ou estupro, por exemplo. Hellinger enfatiza a importância de honrar e respeitar os membros excluídos da família, como aqueles que faleceram precocemente, foram excluídos por razões sociais ou foram esquecidos. Negar sua existência ou seu impacto pode criar bloqueios nos sistemas familiares. Sempre que excluímos algo ou alguém, este se repete nos descendentes até que algum membro da família consiga olhar para isso e curar o sistema. Por mais difícil que seja reconhecer que um irmão foi um assassino, isso é necessário para que os descendentes não sofram as consequências de uma herança transgeracional tida pela exclusão.

A **lei da hierarquia** estabelece uma ordem natural de precedência, guiando-nos na busca por equilíbrio e harmonia dentro das relações familiares. Hellinger observou que a ordem de pertencimento aos membros da família pode ser interrompida, por exemplo, quando um filho tenta ocupar o lugar de um pai ou quando a hierarquia natural da família não é reconhecida ou respeitada. Essa desordem traz consequências graves aos envolvidos no sistema, pois o filho que tenta ocupar o lugar do pai adoece, ele não dá conta de tamanha demanda. Hellinger nos ensina ainda que diante de nossos pais somos pequenos e diante dos nossos filhos somos grandes.

Por fim, a **lei do equilíbrio** entre **dar** e **receber** convida-nos a refletir sobre a troca energética dentro dos sistemas, garantindo que haja reciprocidade e harmonia em nossas interações interpessoais. Quando esse equilíbrio é perturbado, seja por excesso de dar ou de receber, podem surgir problemas de relacionamento e sentimentos de ressentimento, culpa ou desequilíbrio. Vale ressaltar que a única relação que funciona em desequilíbrio é a relação entre pais e filhos, visto que jamais, de forma nenhuma, dinheiro algum no mundo vai pagar ou retribuir o que nossos pais fizeram por nós. Então, a única forma com que podemos retribuir nossos pais é cuidando do bem mais precioso deles, no caso, nós mesmos!

No meu caso, quando conheci as leis sistêmicas, buscando as explicações para o que vivia e sentia, pude perceber que havia a exclusão de um irmão não nascido. Não que essa exclusão tenha sido feita propositalmente, entretanto, como uma morte causa dor, ela foi "esquecida" ou "não falada". Minha mãe, antes de ficar grávida de mim, perdeu um bebê. Nos movimentos de cura, por meio das constelações familiares, percebi que eu ocupava um lugar errado no meu sistema. Eu não era a primogênita. Eu era a segunda de quatro filhos. Percebi também que era pesado demais carregar a responsabilidade de ser a primogênita, sendo que eu não era, por isso eu adoecia, eu não dava conta. Assim, não tinha forças de cuidar dos meus dois filhos, estava sempre indisponível a eles.

Outra disfunção identificada no meu sistema foi que, com a perda do meu pai, eu projetei no meu marido a figura dele. Com isso, meu casamento veio à falência, pois eu exigia do meu marido aquilo que ele não dava conta de entregar. A partir dos movimentos de cura, foi possível ressignificar essas desordens. Voltei para meu lugar de segunda filha e hoje tenho claro o meu lugar em um relacionamento de casal.

Quando eu olho para meu passado, para tudo que enfrentei, todas as dificuldades e todos os sofrimentos, percebo o quanto me fortaleci e que só sou hoje esta mulher devido a tudo que vivi. Olhar para trás e aceitar tudo como foi e pegar os recursos de tudo que vivi fortalece-me para viver o presente. Além disso, eu sou o sonho mais lindo dos meus ancestrais! Por isso, escolho fazer algo de bom da minha vida em honra de todos eles!

Então, sigo servindo à vida e ajudando pessoas a terem uma vida mais leve e significativa.

Ao entendermos que somos regidos muito mais pelo nosso inconsciente e aplicando essas leis sistêmicas em nossas vidas, podemos desvendar os padrões ocultos que influenciam nossos relacionamentos e nossas escolhas. Quando ocupamos o nosso devido lugar no sistema familiar, apropriamo-nos de uma força sobrenatural e conseguimos alcançar uma vida próspera e abundante. Com isso, quero convidá-lo a assumir seu lugar no seu sistema familiar, para também experienciar a plenitude da sua vida. Se você sentir no seu coração que ainda precisa se aprofundar nesses preciosos conhecimentos sobre o nosso inconsciente, siga meu perfil @fernanda.gering no Instagram, em que compartilho mais conteúdos sobre esse assunto.

(Referências ao final do livro.)

> Eu sou o sonho mais lindo dos meus ancestrais. Por isso, escolho fazer algo de bom da minha vida em honra de todos eles.

Fernanda Gering

Jovens Falcões
NIETZSCHE
HEGEL
HEIDEGGER
PENSE BEM

JÉSSICA DALCIM

Dizer quem somos pode parecer difícil, mas a ciência pode simplificar essa resposta: somos frutos de nossa genética e do ambiente ao qual viemos.

Eu sou advinda da periferia, nasci em Resende/RJ e cresci em Francisco Morato/SP. Meu pai, Jair Dalcim (1946-2005, *in memoriam*) e minha mãe, Tereza de Souza Dalcim (1950-2020, *in memoriam*), ensinaram-me que ambientes de dificuldades nos fazem ser emocionalmente fortes.

Minha história incentivou-me a cuidar de pessoas, por isso, graduei-me em Psicologia, Liderança Social, Gestão de RH e fiz MBA em gerenciamento.

É evidente que colher frutos onde o sucesso é quase uma utopia não foi fácil, mas com fé, dedicação e apoio dos amigos, familiares e de meu esposo Leandro João José foi possível sair de um lugar de vulnerabilidade e inspirar outras vidas.

jessica_dalcim

+55 (11) 4934-0337

15 PERSISTÊNCIA É NÃO DESISTIR DIANTE DOS OBSTÁCULOS?

Por Jéssica Dalcim

Em algum momento da história definiram que viver seria um estado constante de felicidade. Venderam-nos a ideia de que, se não fôssemos felizes em todas as áreas de nossa vida, não teríamos encontrado o real propósito dela ou seríamos pessoas fracassadas. Mas, afinal, qual o sentido da vida? Como conseguimos encontrar isso em uma sociedade que nos prega que não podemos parar frente a nenhum obstáculo? Será que existe mesmo uma definição imutável sobre o sucesso? Ou estamos apenas vivendo à sombra de uma sociedade emocionalmente doente, que busca o sucesso inalcançável e que define que parar para descansar é sinônimo de fraqueza?

Essas perguntas e esses questionamentos permeiam a sociedade há séculos, e a grande consequência desse ritmo surreal é que ele não nos permite ser racionais em nossas escolhas. É como uma grande maré, que nos arrasta e, quando vemos, perdemos o sentido de nossos reais objetivos. Passamos a nos olhar e não nos reconhecemos, nos vemos presos em uma rotina que não foi escolhida. O que ninguém nos ensinou é que não escolher também é uma escolha. A partir do momento em que você aceita algo, mesmo que não queira, permite que as consequências disso sejam parte da sua vida.

E assim seguimos, observando o parâmetro do outro como sendo o nosso, buscando afirmações externas e nos autossabotando, quando, na verdade, deveríamos simplesmente acolher nossas angústias e definirmos nosso próprio padrão de limite.

Eu sei que nem sempre é tão fácil mudar os padrões de comportamento que são disfuncionais e prejudicam a nossa vida. Definir o tal "limite" para nós mesmos e para os outros pode parecer fácil na teoria, mas, na prática, exige muito de nós.

Desde pequenos, somos levados a acreditar que histórias como os contos de fadas são reais e, por meio disso, vamos baseando a nossa vida em uma mentira. Contaram-nos que existe um vilão e que ele sempre será mau, mas ninguém contou o que o vilão viveu para se comportar assim. Será que, se ele tivesse olhado para sua vida por outra perspectiva, entenderia que ferir o outro não cura sua ferida? Disseram que a pessoa boazinha que sofre aprisionada no calabouço ou no castelo é a vítima, porém ninguém disse por que ela escolheu permanecer nessa situação. Será que, se ela tivesse aprendido que sua dor emocional não precisa ser eterna, ela compreenderia que ser a vítima não é solução? Contaram-nos que super-heróis são aqueles que dão conta de tudo e possuem superpoderes e que por isso são fortes. Afinal, quem consegue resolver todos os problemas e ainda tem equilíbrio na vida possui a tal da inteligência emocional.

Toda essa perfeição não é real. Ser forte o tempo todo não é e nunca será um sinal de resiliência. Pelo contrário, é um pedido de socorro! No fim das contas, a nossa vida até que se parece com o conto de fadas, mas não exatamente da forma que nos contaram.

Analisando esse contexto, entendemos que tudo que o outro faz é parte de uma escolha. Alguém pode até lhe fazer mal, mas passar isso adiante é uma escolha sua! Você pode até ter sido vítima em algum momento da sua vida, mas passar toda a sua existência se lamentando por aquilo que você não pode mudar também é uma determinação sua! Ser forte para atingir limites inalcançáveis (que por vezes nem foi você que determinou) é uma sentença de suicídio. Você deixa de viver a sua vida para seguir o roteiro escrito por outro autor, logo, você passa apenas a existir e não mais viver.

Na minha história de vida, vi muitas pessoas que imploravam por socorro, mas eram vistas como fortes e exaltadas por isso. Eu sei que a vida às vezes não lhe dá opção de recuar frente aos desafios, o problema vai estar lá e você precisará escolher como reunir suas forças para se levantar e lutar. É aí que considero a periferia como um grande campo de aprendizado, pois nela veremos ensinamentos que não encontraremos em nenhuma faculdade. Viver frente ao sofrimento das pessoas e compreender o quanto foi difícil sair de um cenário de escassez de recursos ensinou-me a cuidar das fragilidades do ser humano. Por vezes, faltou o básico para sobreviver e não foi fácil, não nego, mas nunca faltou o mais importante: resiliência, persistência e ressignificação de vida.

No dicionário encontramos duas definições para a palavra resiliência. Uma delas diz respeito ao aspecto físico e descreve que resiliência é a capacidade de um objeto retomar a sua forma original após algum processo de deformação. No sentido figurado, resiliência significa se adaptar à má sorte ou às mudanças. (Resiliência..., [*s.d.*], *on-line*). Já a persistência é definida pelo ato de ter constância. Não tem como falar de persistência sem entender que, para desenvolvermos essa capacidade humana, devemos antes de tudo ser resilientes, afinal, na maior parte do tempo, as pessoas ao seu redor estarão tentando mudá-lo(a) para que você se encaixe nos padrões delas e nas necessidades que elas têm, e se você não aprender a voltar a sua forma original, que podemos classificar como sua essência, você ficará perdido(a) no limbo do que as outras pessoas esperam de você e passará a não ver sentido nenhum em persistir em algo, traduzindo esse sentimento em frustração.

É preciso então quebrar o paradigma de que temos que ser fortes o tempo todo para sermos resilientes. Isso é humanamente impossível, e a resiliência não tem nada a ver com isso. Conforme descrito por Yunes (2002 *apud* Pinheiro, 2004): "A resiliência é um fenômeno que procura explicar os processos de superação de adversidades, mas não se confunde com a invulnerabilidade, porque não se trata de resistência absoluta". Frente a essa definição, fica claro que você precisa definir quais as lutas que você vai escolher travar.

Compreender que em um único dia somos capazes de sentir tristezas, angústias, felicidades e até mesmo vontade de desistir não nos faz fracos, mas sim humanos. É aí que a persistência entra em ação.

Voltando ao que falamos no início deste capítulo, vivemos em uma sociedade mentalmente exausta, em que o ritmo dita que não temos permissão para fazer pausas. Mas isso não é uma verdade. Aliás, verdades absolutas não existem, aprenda isso: o que existe é cada pessoa defendendo aquilo que mais faz sentido para si, e você têm todo o direito de defender as suas verdades e, a partir de então, persistir nelas.

Ressignificar sua vida também é importante. Nesse processo, a palavra ressignificar é o ato de dar um novo sentido. Costumo dizer aos meus pacientes que nosso passado é escrito à caneta. Não podemos voltar no tempo e modificá-lo, mas podemos aprender com ele e entender que nem tudo que aconteceu estava sob nosso controle e que não podemos nos culpar por isso.

Dessa forma, destaco que, para não desistir mediante os obstáculos da vida, é preciso compreender que:

- resiliência é saber voltar para sua essência, mesmo quando o mundo quiser modificá-lo(a) contra sua própria vontade;
- persistência é saber escolher as lutas que você quer ter, mesmo quando tudo desabar sobre você (permita-se sofrer, chorar, sentir, para depois continuar) ; e
- ressignificar é entender que você pode mudar, dar um novo significado à sua vida, mesmo que muitos desacreditem. Você tem a capacidade de transcender sobre sua dor emocional e passar pela metamorfose. Lembre-se de que o limite do outro jamais definirá o seu.

Esses três fatores farão você passar pelos obstáculos da vida com sutileza. Pode até não ser fácil, mas será possível, e eu sou prova viva de tudo isso.

Acredito que nasci para contrariar as estatísticas. Era para eu ser apenas mais uma pessoa fruto dos indicadores negativos da favela. No ambiente em que cresci, foi bem difícil encontrar exemplos positivos. Por muito tempo, não conseguia enxergar que, um dia, toda dificuldade que passei teria algum propósito. Mas, hoje, não só vejo valor nisso como encontrei em todas as minhas dificuldades um motivo para seguir em frente. Afinal, o mundo está cheio de pessoas precisando de inspirações, e eu assumi meu papel em fazer isso, por meio de minha história. Como diz Edu Lyra (2018): "O mundo precisa de líderes que tenham um genuíno proposito! É definitivamente inspirador conviver com pessoas que carregam um propósito. Elas, às vezes, num mundo tão maluco, parecem extraterrestres, mantenedores de utopias."

Na sua vida, existirão momentos em que você achará que está no caminho errado, que nada que você fez ou fará vai dar certo, mas tenha calma, uma hora tudo se encaixa (ou não), e é aí que você precisa escolher traçar um novo rumo, fazer novas escolhas. Só não se permita desistir, em algum momento você verá que tudo isso irá valer a pena!

Tem uma prática que desenvolvi e a qual convido que você faça também. Chamo de "olhar próprio": quando se sentir mal, naqueles dias em que não tem forças para continuar, vá até a frente de um espelho e olhe-se nos olhos, mas, não de uma forma superficial: busque se conectar de verdade com você, tente visualizar suas pupilas. Quando chegar a esse nível de conexão, lembre-se de tudo que já passou para estar aqui, tudo que seus olhos já viram, cada conquista, cada luta, cada lágrima derramada em silêncio. Tudo isso compõe sua história e somente você é capaz de saber o peso dela. Agora pense: se só você sabe qual o peso da sua história, por que deixar de persistir em seus objetivos e se pautar apenas nas dificuldades que irão aparecer? Lembre-se: viver não é fácil!

Por fim, desejo que você repense sua vida e entenda que não precisa ser vítima da sua história. Desejo que você sonhe acima da média, mas não se esqueça de tirar seus sonhos dos pensamentos, é somente isso que fará você alcançar o que geralmente os outros não alcançam. Defina propósitos e persista neles e, quando os obstáculos surgirem, você verá que eles são extremamente pequenos perto dos sonhos que você tem para realizar.

(Referências ao final do livro.)

Ser forte o tempo todo não é e nunca será um sinal de resiliência. Pelo contrário, é um pedido de socorro!

Jéssica Dalcim

JUDITE CONTE

Da menina sensitiva à "mentora de almas". Sim, essa sou eu. Judite Conte, 41 anos, mas com alma de 90. Sou natural de São José do Cedro/SC e atualmente moro em Toledo/PR. Sou casada com Videlio Antônio Daumling Júnior e mãe dos gêmeos Júlio César e Marco Antônio, de 15 anos. Sou a quarta filha de Vitorino e Iolanda Conte.

Tenho a habilidade de ler almas, sou sensitiva, mediúnica, empresária, facilitadora, mestre em Reiki, *practitioner* em PNL, artesã, comunicadora e apaixonada por artes marciais. Já curei algumas almas, resgatei vidas e transformei dor em amor. Nestes quase setes anos, ministrei *workshops*, cursos, formações e mentorias, e o maior ainda está por vir.

judite_mentoradealmas

+55 (45) 99934-0088

www.juditeconte.com.br

juditecontementora@gmail.com

DNA DA MENTALIDADE

16 A MENTALIDADE NA TOMADA DE DECISÕES

Por Judite Conte

Se não fosse a mudança de mentalidade, talvez hoje eu não estivesse mais aqui.

Sim, eu já quis morrer e, por anos, bloqueei meu dons, talentos e habilidades, com medo do que o mundo iria pensar. Talvez, quando você ler esta história, vá se identificar, ou talvez não imagine que, por trás do sorriso fácil da Judite, existiu a versão que arquitetou inconscientemente seguir a dor da história familiar.

Eu desejo que esta história e esta nova mentalidade cheguem em tempo até você e que suas decisões possam ser diferentes, em honra a tantos dos nossos ancestrais, que nem escolha tiveram. Quero, em especial, agradecer ao Davi Silva, meu consultor, e também a esta editora, que foram guiados a me encontrar neste vasto mundo digital, para que essa mensagem chegasse até você. Obrigada, Davi, por sua vida! Que Deus o abençoe grandiosamente.

Quero agradecer também a meus pais pela minha vida e pedir perdão por um dia ter desejado não a possuir. Eu não sabia das coisas que sei hoje. Agradeço ao meu companheiro de vida, por ter tido paciência em muitos momentos desafiadores do meu despertar, e aos meus filhos. Eu amo tanto vocês! Sinto muito se um dia vocês me buscaram e, em alma, eu não estava lá, era o que eu tinha para entregar naquele momento... Vocês são luz no mundo! Agradecer, ainda, a Deus, por ainda estar aqui e pelas portas que ainda vão se abrir.

O dia havia acordado cinza, mais do que o normal. Meu marido já havia saído para trabalhar, nossos filhos ainda dormiam, então fiquei alguns minutos sentada na beira da cama, olhando pela sacada do quarto, como alguém que fica buscando um sentido para os sentimentos que nem eu sabia explicar. Ainda com pijama, mal lavei o rosto e fui aos afazeres da casa, enquanto ouvia o Padre Reginaldo Manzotti no rádio da cozinha. Bíblia aberta, cheia de rabiscos, implorando um milagre, pedidos que se confundiam com o borrado das lágrimas já secas nas escrituras desbotadas, o sino dos ventos com tubos de metal anunciavam forte o som do vento que entrava pela sacada do prédio em que eu morava.

Já era de tarde, os filhos na escola, marido trabalhando, eu estava sozinha sentada no canto do sofá da sala, que ficava a dois passos da sacada do sino dos ventos, que nesse momento rodava seus tubos, entrelaçando uns nos outros com a força do vento. Mergulhada nesse som, eu escrevia em prantos uma carta na qual eu tentava justificar o injustificável.

Quando não temos consciência das dores que nos movem, acabamos não percebendo a dor que causamos a quem está ao nosso redor. E eu estava só repetindo um padrão de dor que minha mentalidade e meus padrões mentais haviam aprendido desde a minha primeira idade. Enviei a carta por e-mail para meu marido. Minhas mãos, já trêmulas, tentavam acalentar os arrepios e o frio do meu corpo em um dia superquente, e o dia, que era cinza, escuro ficou. Como em cenas de um filme, eu me perguntava pelos inúmeros pedidos feitos, das novenas cumpridas, dos pedidos de oração em igrejas, centros espíritas, das vezes que implorei por entendimento... Por que Deus não tinha me ouvido?

Não me sentia compreendida e me questionava: por que eu era assim? Por que as pessoas querem morrer? Por que minha mãe quer morrer? Por que meu avô se enforcou? Por que meu tio se deu um tiro na cabeça? Por que minha tia tomou comprimido? Por que minha prima foi assassinada no dia do meu aniversário? Por que eu estou aqui se eu não posso fazer nada? Por que eu sinto a dor de todas as pessoas que se suicidaram? Por que eu os ouço clamando por ajuda? Por que eu os vejo, se já não estão mais aqui? Não me sentia uma boa mãe, não sabia amar meu marido, eu só queria parar de sentir tudo isso, eu só queria que, quando o telefone tocasse, não fosse meu pai dizendo que minha mãe tinha tentado o suicídio, **eu só não queria morrer assim também.**

E, como quando em um cinema as luzes se apagam, tudo ficou escuro, o sino dos ventos, que badalava alto, agora estava mudo, havia só o silêncio, as vozes cessaram, os pensamentos também, e novas imagens começaram a se formar, o frio que ainda percorria meu corpo agora vinha acompanhado de uma força maior que me fazia despertar desse lugar.

Como por uma descarga de desfibrilador, eu acordei horas depois, ainda no sofá de casa. Não, eu não havia tomado nada, mas era como se o tivesse feito. Meu olhar não era mais o mesmo, havia flores desabrochadas nos vasos da estante, eu não lembrava de tê-las visto antes, minha vida era em preto e branco, não havia vento nem para movimentar a cortina da sala, muito menos o sino dos ventos. No entanto, na cozinha uma corrente de ar folheava as páginas da Bíblia rabiscada. Em passos trêmulos e lentos, como quem tivesse nascido naquele instante, aproximei-me e, vendo as páginas sendo folheadas, com inúmeros pedidos nelas feitos, dei-me conta de que nenhum deles era para mim.

Eu nunca havia rezado por mim. Todos os pedidos eram para salvar a minha mãe e outras pessoas. Eu estava disposta a morrer por todos, mas não a viver por mim. O vento, então, cessou junto com o frio que acompanhava meu corpo, fazendo as folhas repousarem nestes versículos, que entraram como lança no meu peito:

> Tudo tem o seu tempo determinado, e há tempo para todo o propósito debaixo do céu. Há tempo de nascer, e tempo de morrer; tempo de plantar, e tempo arrancar o que se plantou; tempo de matar, e tempo de curar; tempo de derrubar, e tempo de edificar; tempo de chorar, e tempo de rir; tempo de prantear, e tempo de dançar; tempo de espalhar pedras, e tempo de ajuntar pedras; tempo de abraçar, e tempo de afastar-se de abraçar; tempo de buscar, e tempo de perder; tempo de guardar, e tempo de lançar fora; tempo de rasgar, e tempo de coser; tempo de estar calado, e tempo de falar; tempo de amar, e tempo de odiar; tempo de guerra, e tempo de paz. (Eclesiastes 3:1-8).

Como uma descarga de adrenalina, eu compreendi que os padrões, as lembranças e a mentalidade de todas as cenas, as conversas e as histórias que eu vivi e senti nunca haviam sido meus, mas faziam parte da minha história. Eu carregava, além do DNA dos traços e das semelhanças que me faziam ser parecida com minha família, uma marca de dor e sofrimento que, por eu não ter consciência, estavam me levando a seguir os mesmos caminhos. Eu não queria morrer, eu era a buscadora da família, não era para repetir os padrões de dor, e sim **para fazer diferente**.

Decisões definem destinos, e eu decidi me curar. Na semana seguinte, acendi velas na cruz mestre, para todos os suicídios, os assassinatos e as mortes trágicas da minha família. Vivi na pele a dificuldade de romper com um ciclo de gerações e fazer diferente. Uma semana depois desse dia, a netinha de seis anos daquela tia (que havia se suicidado tomando comprimidos) entrou na nossa loja segurando um lindo vaso de minirrosas e disse o estar trazendo para mim. Lembro-me até hoje do sorriso dela, segurando com as duas mãos o vaso de rosas. Abraçou-me e, olhando nos meus olhos, eu vi minha tia. Ainda sem entender a força desse movimento, só me veio um único sentimento: "Você nos viu. Siga resgatando vidas."

Desde então, a mentalidade, as decisões e a força em me manter na vida foram meu combustível para continuar. **Viver**, estar na vida, resgatar almas que estão seguindo um padrão familiar. Não podemos mudar nosso passado, mas podemos fazer diferente a partir de novas decisões de conhecimento. O psicoterapeuta e filósofo alemão Berth Hellinger nos ensina muito sobre as repetições e os padrões da mente que cria tudo:

> Tudo aquilo de que me lamento ou queixo, quero excluir. Tudo aquilo a que aponto um dedo acusador, quero excluir. A toda a pessoa que desperte a minha dor, estou a excluí-la. Cada situação em que me sinta culpado estou a excluí-la. E desta forma vou ficando cada vez mais empobrecido. O caminho inverso seria: a tudo de que me queixo, fito e digo: sim, assim aconteceu e integro-o em mim, com todo o desafio que para mim isso representa. E afirmo: irei fazer algo com o que me aconteceu. Seja o que for que me tenha acontecido, tomo-o como a uma fonte de força. "É surpreendente o efeito que se pode observar neste âmbito." (Hellinger, 1999).

Assim como a epigenética sugere que o ambiente pode influenciar a expressão de genes, nossas mentalidades também podem ser moldadas e transformadas por meio de experiências e escolhas conscientes ao longo da vida. Então, se tudo estava na mente e na forma como eu tinha construído essas memórias, quando compreendidas e acolhidas eu poderia fazer diferente.

Estudei, formei-me facilitadora, mestra em Reiki, *practitioner* em PNL, busquei conhecimentos que me curassem e que, de uma forma leve, me levaram a fazer o que faço hoje. Eu precisei olhar com amor para minha história, pois eu nunca seria essa mulher incrível se não fosse tudo o que trago comigo, então não é sobre as coisas que aconteceram com você, mas sim o que você vai fazer com o conhecimento que você tem hoje. Mudar os padrões da mente é treino, é hábito, é prática diária, e muitos dos seus comportamentos e das suas decisões podem estar ligados às memórias que estão arquivadas na sua mente. Busque se conhecer, você pode tomar decisões mais conscientes quando conhecer os pensamentos que o(a) governam! Este capítulo é mais que uma mensagem de vida para você, é um resgate de quem você verdadeiramente é!

São a minha mudança de mentalidade e os meus novos pensamentos que, hoje, permitem inúmeras pessoas a voltarem para casa, a partir do meu **sim** à vida. Então, desperte para aquilo que você veio viver aqui. Todos, em algum nível, estão vivendo um grau de superação na vida. Eu podia ter escolhido a parte triste da história para contar, mas preferi transformar essa parte em combustível do meu propósito aqui. Assim, aquilo de que você mais esteja fugindo ou negando em si mesmo(a), no fundo é aquilo de que você precisa para o(a) levar ao próximo nível.

(Referências ao final do livro.)

A chave que abre a porta das mudanças está em reconhecer o seu lugar no mundo a partir da sua história.

Judite Conte

KLEBER PROENÇA

Eu me chamo Kleber Proença. Sou cristão, marido, pai, filho e especialista em desenvolvimento humano. Tenho mais de 30 anos de experiência corporativa e, hoje, além de atuar como gestor empresarial, tenho como propósito de vida disponibilizar meu conhecimento e minha experiência para ajudar pessoas e profissionais a atingirem seus objetivos de forma equilibrada e sistêmica.

Criei uma metodologia chamada **Crê.Ser**. Essa metodologia tem como base os ensinamentos de Jesus Cristo e o meu conhecimento adquirido ao logo dos anos por meio de estudo, leitura e experiência.

Acredito que a tríade de ação, hábitos e resultado seja a melhor forma de promover mudanças reais no comportamento humano.

kleberproenca.trainer

+55 (11) 97726-2336

kleberproenca

contato@kleberproenca.com.br

DNA DA MENTALIDADE

17 MENTALIDADE: LÍDERES DE SUCESSO PENSAM DIFERENTE

Por Kleber Proença

No vasto panorama do mundo corporativo, a liderança não é apenas uma posição, mas uma **mentalidade**. É uma maneira de ver o mundo, influenciar e inspirar outros a alcançarem objetivos coletivos. No cerne de todo líder de sucesso está uma mentalidade que o diferencia, uma abordagem única em relação aos desafios, às oportunidades e ao próprio crescimento pessoal.

Eu, que iniciei minha carreira corporativa como muitos brasileiros que não tiveram a oportunidade de escolher a profissão, fui aprendendo que a liderança é necessária em qualquer atividade e, dessa forma, pude, ao menos, escolher se seria um líder ou um liderado.

Escolhi ser um líder. Os exemplos que eu tive ao longo da carreira, bem como a busca por conhecimento (instintiva no início, mais estruturada depois), trouxeram-me ao momento em que estou escrevendo este texto. Refletindo sobre a minha trajetória até o momento, levantei algumas questões: a mentalidade de liderança é uma característica nata ou pode ser desenvolvida ao longo da vida? Como identificar ou desenvolver essa mentalidade?

Muitas vezes nos encontramos em posições de liderança, sem nem mesmo saber se estamos preparados, e as dores vêm em forma de cobrança de resultados, de não aceitação da nossa posição de liderança, de dificuldade de comunicação com a equipe e, até mesmo, como a síndrome do impostor.

Na minha opinião, o que diferencia um grande líder dos outros profissionais é a capacidade de realização, lembrando que um grande líder é avaliado pelos resultados obtidos, porém um resultado (bom ou ruim) depende de uma hierarquia de acontecimentos.

Se eu pudesse resumir este capítulo em apenas uma informação, seria a seguinte: estado atual >> tomada de decisão >> **ação** >> resultado.

Temos, no início do processo, o estado atual. Eu diria que, quando simplesmente o mantemos, não estamos evoluindo ou mesmo nos preparando para isso. Mesmo que determinado processo não exija uma evolução imediata, isso não quer dizer que essa condição não será alterada rapidamente. Portanto, é mandatório para um grande líder se preparar para os momentos futuros.

Quando é necessário evoluir dentro de um processo, são necessários dois requisitos básicos para uma boa tomada de decisão: as informações disponíveis e o conhecimento acumulado (conhecimento acadêmico + experiência). O conhecimento e as informações **devem, obrigatoriamente**, ser aplicados à tomada de decisão, caso contrário a decisão é inconsequente.

Note que a palavra ação está em destaque. Nenhum resultado é possível sem que uma ação seja tomada. **O resultado é uma dependência da ação**. Caso contrário, o processo fica à mercê de agentes externos, deixando o líder com pouco ou nenhum controle sobre a situação.

Líderes de sucesso trocam a pergunta "o quê?" pela pergunta "como?". Respondida essa pergunta, partem para a **ação**.

A mentalidade de um líder é moldada por sua visão de mundo, suas experiências e suas crenças mais profundas. Enquanto muitos podem ver os obstáculos como barreiras intransponíveis, os líderes de sucesso veem oportunidades de crescimento e aprendizado. Eles enfrentam a adversidade transformando cada obstáculo em uma chance de superação.

Na prática, um líder encara os problemas como se fossem potes de ouro. O mínimo que um grande líder pode tirar de um problema é a experiência e uma fórmula para a prevenção daquele problema.

Conforme os problemas vão sendo resolvidos e as arestas sendo aparadas, os processos ficam cada vez mais controlados e é aí que a mentalidade faz a diferença. É hora de pensar fora da caixa, não se conformar com o conforto da situação e identificar oportunidades de melhoria.

Os líderes de sucesso têm uma mentalidade de crescimento contínuo. Eles estão sempre buscando aprender, evoluir e se adaptar às mudanças do ambiente corporativo. Eles entendem que o mundo dos negócios é dinâmico. Portanto, investem em seu desenvolvimento pessoal e profissional, buscando constantemente novas habilidades e perspectivas.

Durante meus atendimentos de consultoria, percebi que as queixas podem ser infinitas, porém as causas estão sempre ligadas a algum conhecimento que não faz parte do conjunto de habilidades do cliente.

Trazendo essa experiência para o nível da liderança corporativa, se alguma coisa não está acontecendo como deveria, é porque o líder ou a sua equipe ainda não sabem como resolver o problema. A solução não faz parte do conjunto de habilidades **ainda**. Nesse momento, existem duas possibilidades: desenvolver internamente ou "contratar" essa habilidade. Decisão tomada, é partir para a ação!

Na contramão desse contexto estão as pessoas com mentalidade fixa, que somente se sentem bem quando a situação está confortável. Essas pessoas são facilmente identificadas por algumas características de comportamento. Por exemplo: na prática de esportes, gostam de ser reconhecidas como as melhores, evitam disputas que podem perder, fazem de tudo para evitar dificuldades. Sentem-se atraídas por qualquer atividade que não as desafie e perdem completamente o interesse e o entusiasmo quando as coisas parecem ficar difíceis. Não estou dizendo que pessoas com mentalidade fixa não obtenham sucesso. Aliás, pelo contrário, são sempre as melhores naquilo que fazem. No entanto, ficam limitadas às suas habilidades atuais, pois não procuram o desenvolvimento além daquilo que acreditam ser, entendem que sua inteligência não pode ser desenvolvida. Líderes com mentalidade de crescimento não possuem limites para o seu desenvolvimento.

O verdadeiro DNA da mentalidade de um líder está enraizado na maneira como ele enfrenta o desconhecido. Enquanto alguns se sentem paralisados pelo medo do fracasso, os líderes de sucesso abraçam a incerteza com confiança. Eles entendem que o fracasso faz parte do caminho para o sucesso e estão dispostos a assumir riscos calculados em busca de seus objetivos. E o mais importante: sentem-se muito mais à vontade quando são desafiados e nunca desperdiçam uma oportunidade de aprender com quem faz melhor.

Quando conquistei meu primeiro cargo de liderança, aceitei uma mudança radical, herdando uma equipe que não havia sido desenvolvida por mim, em um outro estado brasileiro.

Foi um verdadeiro salto no desconhecido.

Eu conhecia o trabalho e sabia exatamente o que fazer para ter sucesso operacional. No entanto, sair de São Paulo, cidade em que eu havia nascido e vivido até então, mudando-me para Salvador, na Bahia, onde eu nunca havia pisado, e assumir a frente de uma filial que atendia toda a região metropolitana de uma capital, com uma equipe totalmente desconhecida, dentro de uma cultura totalmente diversa da minha, foi, de longe, meu maior desafio, assim como foi minha maior oportunidade de crescimento.

Na verdade, eu havia buscado essa mudança. Esforcei-me muito para me tornar uma referência em relação aos processos operacionais da empresa, exatamente para poder liderar o meu time da maneira que eu acreditava ser a melhor para todos (eu, colaboradores e empresa).

Não sei se você, que está lendo este livro agora, acredita no poder de realização do universo, ou no poder da manifestação por meio das palavras, ou em Deus, que atende aos nossos desejos, mas eu sou a prova viva de que, quando você quer muito alguma coisa, o universo movimenta-se para que aquilo aconteça.

Quantas vezes eu pensei que seria maravilhoso morar e trabalhar na Região Nordeste do Brasil, próxima a praias maravilhosas, com um clima quente e um povo acolhedor!

Bem... Tome cuidado com aquilo que deseja, mas isso é tema para um outro livro...

Vamos voltar aos aspectos de liderança.

Novamente, no meu exemplo, encontramos a ação como sendo a chave do desenvolvimento de uma mentalidade de liderança. Movimento gera movimento, e eu agi no sentido dessa movimentação.

Mesmo que uma pessoa não se reconheça como um líder, a ação acarretará um resultado, positivo ou negativo, e esse resultado trará um aprendizado.

Até agora, falamos sobre os grandes líderes. Mas como ficam os líderes verdadeiramente excepcionais?

Líderes excepcionais também são grandes seres humanos. Acredito que essa seja a maior diferença entre os grandes líderes e os líderes excepcionais, que deixam um legado por onde passam.

Grandes líderes negociam como tubarões, lideram equipes como lobos, enxergam como águias, são inteligentes como golfinhos, enfim, agem de acordo com características atribuídas a alguns bichos.

Posso dizer, com certeza, que essas características geram resultados excelentes, mas não podemos esquecer que empresas são feitas por pessoas, de pessoas e para pessoas.

Se um líder não levar em conta os aspectos humanos, suas conquistas tornam-se vazias ao longo do tempo e a liderança torna-se um processo automático. Dessa forma, rapidamente qualquer líder poderá ser substituído por um sistema de inteligência artificial (IA).

É necessário entender a humanidade dos acontecimentos e ter a competência para encaixar esses aspectos ao longo do processo.

O líder que tem essa capacidade será admirado pelo seu poder de realização, sem que os prejuízos pessoais sejam altos demais. Esses líderes serão lembrados por serem os mais inspiradores.

Se você optar por seguir uma linha inspirada nos bichos e nada mais, com certeza será um grande líder, porém **jamais será um grande ser humano** e, por consequência, um líder excepcional. Esse é o pensamento que me inspira a desenvolver, cada vez mais, meu lado espiritual e humano.

Em suma, a mentalidade é o verdadeiro segredo por trás da liderança de sucesso. Os líderes que pensam diferente, que abraçam desafios, que enfrentam a adversidade com resiliência, que buscam constantemente crescer e evoluir e que consideram os fatores humanos em suas decisões são os que deixam uma marca duradoura no mundo corporativo. Eles são os arquitetos do futuro, os visionários que lideram pelo exemplo e inspiram outros a alcançar o seu melhor.

Chegando ao fim deste capítulo, convido-o(a) a pensar no seguinte: você fracassa 100% das vezes em que não tenta. Transforme o pensamento em ação e os resultados serão inevitáveis.

Você fracassa 100% das vezes em que não tenta. Transforme o pensamento em ação e os resultados serão inevitáveis.

Kleber Proença

LEIDIANE CRUZ

Sou Leidiane Cruz, natural de Luziânia/GO. Hoje resido em Ibirubá/RS, com minha família, meu bem maior, abaixo de Deus e acima de todas as outras coisas. Sou mentora de evolução, formada em Administração, porém meu caminho levou-me a estudar a mentalidade humana e apaixonei-me por isso. Formei-me em Psicanálise Clínica, com pós-graduação em Neurociência e Comportamento Humano pela Pontifícia Universidade Católica do Rio Grande do Sul (PUC-RS) e em Constelação Familiar e Neuropsicologia. Sou também uma apaixonada por leitura, li algumas centenas de livros na minha caminhada pelo autoconhecimento. Superei grandes desafios e usei todos os meus obstáculos como degraus para vencer e ajudar outras pessoas, pois assim eu acredito que seja esse desafio chamado vida.

leidiane.psicanalista

+55 (54) 92001-4156

vidaplena@leidianecruz.com.br

DNA DA MENTALIDADE

18 VENCENDO A PROCRASTINAÇÃO E A AUTOSSABOTAGEM

Por Leidiane Cruz

Você certamente já se sentiu frustrado(a) quando não conseguiu realizar uma tarefa que gostaria de fazer. A procrastinação é um ato de deixar algo para outro dia ou para depois. Significa protelar, prolongar, atrasar, no sentido de negligenciar ações importantes que precisam ser feitas.

É também um mal de pessoas que querem vencer os desafios da vida.

É como se tivesse um tanque e você o fosse enchendo cada vez mais com sonhos, desejos, projetos, sendo que esse tanque não tem vazão. Então, por não conseguir dar vazão a esse acúmulo de desejos, de pensamentos, isso vai lhe dando a sensação de medo, insegurança, ansiedade, depressão, de não acreditar mais nos seus sonhos, de viver uma vida vazia e morna.

Então, procrastinar é não conseguir executar os sonhos, as metas que você tem. E você precisa diminuir esse ato, afim de não desencadear prejuízos, até mesmo transtornos mentais, por se tornar um(a) procrastinador(a) crônico(a).

Não se culpe se você vez ou outra procrastinou, isso é comum ao comportamento humano. Porém, é um problema quando isso começa a virar rotina e traz prejuízos para sua vida pessoal ou profissional.

Existe um potencial de ação mental, que vai diminuindo ao decorrer do nosso dia.

Escolher uma roupa pela manhã, por exemplo, já diminui o seu potencial. Esse é um dos motivos de por que muitos milionários usam somente uma cor de roupa.

Para ter objetividade e deixar de procrastinar, você precisa ter em mente o que deseja e **anotar**, tendo clareza dos seus objetivos. Caso contrário, vai ficar pulando de tarefa em tarefa, sem concluir nenhuma. Dessa forma, você manda a seguinte informação pra o seu cérebro: eu fracassei.

Outra questão é o nosso sistema de recompensa. Precisamos pensar em recompensa ao longo prazo, não ser imediatista. Em era de redes sociais, todo mundo quer conquistar tudo para ontem, e sabemos que na vida real não funciona dessa forma, existe um processo.

Nos livros *O poder do hábito* (2012), de Charles Duhigg, e *O milagre da manhã*, de Hal Elrod, os autores ensinam dois rituais que podem ajudar. Trata-se do ritual da noite e do ritual da manhã, para melhorar sua produtividade e, por consequência, não o(a) deixar procrastinar. Lembre-se, isso é um treino.

Então, pegue agora mesmo uma folha na posição de paisagem e coloque nela todos os seus objetivos para o mês. Divida-os por semana e por dia. Lembre-se de que esses objetivos estão ligados ao seu propósito de vida. Seu propósito é um bastidor aqui, sua motivação, seu motivo para a ação.

Seguem mais algumas dicas para ajudá-lo(a) a eliminar a procrastinação:

1. use a noite para organizar sua agenda do dia seguinte. Assim, você vai usar a energia restante do final do dia, e não comprometer a energia do início do dia seguinte.

2. deixe sua roupa separada ainda pela noite, bem como o que tomará de café da manhã, e também sua mala, mochila ou bolsa organizados, só para você passar a mão, pegar e sair.

3. quando acordar, tome 1 (um) copo com água. Além dos vários benefícios para a saúde, ele tem a função de despertá-lo(a) para o dia, hidratando-o(a) após oito horas de sono.

4. fique por cinco minutos em silêncio, com a mente vazia, como numa meditação.

5. faça frente ao espelho o equilíbrio de ficar com uma só perna no chão e, depois, faça o mesmo com a outra perna, para mandar a mensagem de equilíbrio para o seu cérebro. Ou pratique pilates. Ou yoga.

6. tenha pensamentos positivos, mentalizando tudo o que deseja fazer no dia.

7. estipule prazos para suas atividades.

8. agenda, aplicativos ou lembretes com alarme ajudam muito.

9. tente a técnica pomodoro (pesquise sobre ela).

10. faça terapia, pois também se trata de algo inconsciente, que você pode ter vivido na infância.

Sabotando o que o(a) sabota.

O nosso inconsciente colabora para que situações, mesmo que ruins, se repitam na nossa vida.

A autossabotagem é uma contribuição inconsciente para situações darem errado.

Pare para pensar: como você se enxerga?

Se você refletir agora mesmo, você acha que nasceu para dar certo?

Como você costuma reagir frente aos problemas do seu dia a dia?

Você se percebe repetindo momentos ou situações, mesmo que inconscientemente? Ou você costuma culpar o mundo pelo que atraiu em sua vida?

O processo de se sabotar acontece todos os dias na vida das pessoas. E elas se sabotam em diferentes níveis, seja nos relacionamentos ou nas empresas.

A autossabotagem está ligada a uma rejeição, injustiça ou incongruência com seus valores e crenças. E esses fatos o(a) levam a ter sentimentos de raiva, rancor, ódio e tristeza, e esses são as raízes da **autossabotagem**.

Ao gerar tais sentimentos, você começa a alimentar ressentimentos em seu coração, como o não perdão, as lembranças ruins, a mágoa e as emoções negativas.

Após esse processo, você se transforma numa vítima e começa a culpar tudo e todos ao seu redor, quer justiça, passa o tempo reclamando e gerando estresse.

Porém, toda vítima se acha pequena, não merecedora, tem baixa autoestima, sente-se insegura, possui medos, incertezas, virando assim uma autossabotadora.

A partir disso, ela não age, procrastina, desiste ou cria empecilhos.

Identificou-se com esses sintomas?

Saiba que toda a nossa realidade é criada por nós mesmos. Então, já se coloque na posição de autorresponsável pelo que está acontecendo com você mesmo(a). Inconscientemente, você cria e atrai os seus problemas.

Nossa mente quer descanso, quer conforto, quer mesmice, não quer gastar energia.

Então, imagine um lado da sua mente que fica lembrando o que você deixa de fazer, julgando-o(a), cobrando-o(a): "Ó! Está vendo? De novo você não foi à academia, de novo deixou desorganizada sua mesa, de novo esqueceu de visitar seus pais, de novo não conversou com seu filho, outra vez não cumpriu seu trabalho."

Quero dizer para você que, se você não controla sua mente, não controla mais nada.

Então, seja um(a) vigilante dos seus pensamentos, saiba discernir a voz que você quer obedecer.

Quando o seu lado sabotador chamá-lo(a), responda à altura, responda sempre ao contrário.

Eu costumo dizer para mim mesma: quem é que manda nessa "bagaça"?

Quando fui fazer meu primeiro voo de paraquedas, por exemplo, o medo quis tomar conta de mim. E eu disse para minha mente: quem é que manda aqui?

Então reflita: qual a distância do resultado que você quer para o resultado que você tem?

É na diminuição dessa discrepância que você deve investir frequência e intensidade, para a sua vida acontecer.

E, se você está cansado(a) de ser bloqueado(a) por todas as crenças limitantes e negativas e os pensamentos sabotadores em sua mente, se suas emoções o(a) controlam todos os dias ou se suas crenças têm feito você viver uma vida de miséria e fracasso – porque, quer você goste ou não, suas crenças inconscientes é que governam a sua vida –, eu tenho dicas valiosas para você trabalhar toda essa autossabotagem.

1. O primeiro passo é você ter a percepção e reconhecer o problema, assumir que isso faz parte da sua vida. Quando nos percebemos, nos permitimos evoluir e conhecer o novo e, assim, sair desse ciclo vicioso, que se retroalimenta. Eu costumo dizer que todo(a) sabotador(a) é um(a) excelente observador(a), então use isso a seu favor, para saber exatamente onde vem errando. Observe-se e faça repetições contrárias. Enfrente você mesmo(a), se você é o problema, você deve ser a solução. É passando pela dor que você se torna mais forte.
2. Mude o ambiente, mude os pensamentos, saia do escritório, do local confortável em que você está.
3. Ouça músicas com alta frequência vibracional.
4. Todas as respostas para suas perguntas estão dentro de você. Você tem dentro de si todos os recursos necessários para vencer na vida. E, muitas vezes, nós duvidamos da nossa capacidade de solucionar os problemas. Você sabe tudo. Somos seres completos, iluminados e únicos. Não deixe para fazer essa transformação depois, o depois é nunca. Se tem algo dentro de você que o(a) está incomodando, resolva! Não procrastine. A procrastinação traz sentimentos negativos e atrasa seus objetivos. Quando você não toma decisões, entra por uma porta de frustração. A maioria das pessoas fracassa por não ter constância e persistência, por desistir fácil de seus objetivos.

5. Entenda quais são suas crenças limitantes, aquelas que não o(a) deixam evoluir, e acabe com elas. Como a autossabotagem é inconsciente, você pode perder seus projetos ao deixar sua mente ser dominada. Você é criador(a) da sua realidade, tudo o que você pensa, você cria. Se você tem pensamentos como "eu não vou conseguir", "eu não sou digno(a) disso", "ter dinheiro é difícil", "à medida que envelheço, vou adoecendo", você não consegue gerar novas conexões neurais, ou seja, ter novos aprendizados.
6. Não fique reclamando. Quem reclama sofre mais, além de atrair mais e mais problemas, porque você joga essa energia para o universo e ele lhe devolve em forma de mais problemas. O maior desafio do ser humano é lidar com as próprias questões, então, melhore 1% todo dia e, no lugar de **RE**clamar, ressignifique suas emoções, use-as a seu favor.
7. Pense sempre no melhor quando for fazer escolhas para você. Não aceite qualquer coisa, nem qualquer tratamento de qualquer um. Aceitar o mínimo o(a) deixará triste e ressentido(a), o que o(a) fará mais vitimista e trará mais autossabotagem.
8. Recompense seu cérebro quando cumprir as tarefas, assim ele se acostumará com a disciplina de cumprir as obrigações primeiro para depois ter o lazer.
9. Não seja muito extremista. Lembre-se de que erramos, e está tudo bem. O erro nos conduz ao crescimento. Use seus erros de degraus para subir para o próximo nível. Não fique se punindo.
10. Divida sua grande meta em micrometas. Assim, ficará mais fácil atingi-las e isso trará sensação de dever cumprido, o que gera mais desejo de fazer mais.
11. Não fique comparando seus bastidores com o palco de alguém. Aprenda a olhar para dentro e conduzir sua própria vida, pois em era de redes sociais, trazemos a imagem de uma vida perfeita, mas sabemos que isso não existe, então, olhe mais para dentro de você.
12. Ligue para alguém que eleve você, que vibre com suas conquistas.
13. Não verbalize frases negativas, a palavra tem poder.
14. Enfrente o medo: mais de 95% dos nossos medos não vão acontecer, eles só existem na nossa cabeça.

Pronto, agora que você tem grandes dicas para deixar de se sabotar, mãos à obra!

(Referências ao final do livro.)

Seja um(a) vigilante dos seus pensamentos, saiba discernir a voz que você quer obedecer.

Leidiane Cruz

LENA MOTA

Eu sou Lena Mota. Sou mãe, filha, cabeleireira, professora e empreendedora.

Tenho três filhas: Williane, Beatriz e Vitória. Sou CEO do SPA Lena Mota, especialista em cortes, alisamento, cabelos loiros, crespos e cacheados, terapeuta capilar formada pela Assossiação Brasileira de Tricologia (ABT), formada pelo programa internacional Papabeauty e tenho 36 anos de experiência em salão. Superei grandes desafios e quero ajudar outros profissionais por meio do meu conhecimento.

spalenamotapaulista

spalenamotarecife

_lenamota

+55 (81) 98521-4468

lena.mota2024@gmail.com

19 O SONHO É O INÍCIO DE TUDO...

Por Lena Mota

Comecei minha vida trabalhando aos 11 anos de idade como babá e, aos 12, fui empregada doméstica.

Sou filha de uma sonhadora também, que, mesmo trabalhando em casa de família, fez todos os esforços para pagar meu primeiro curso de cabeleireira. Naquela época, eu tinha 14 anos.

Nunca deixei de sonhar e de acreditar que isso seria possível.

Sou muito grata a Deus e à minha mãe pelo esforço. Hoje, tenho um salão bem-sucedido, que é referência no meu estado e no país.

Acredite.

Ter uma visão clara e acreditar no seu sonho são os primeiros passos para alcançar o sucesso como empreendedor(a). Mantenha sua paixão e motivação, mesmo diante de desafios e adversidades, pois nada pode impedir você de sonhar, porque somos aquilo que decidimos ser.

Foi por meio do meu trabalho no salão que desenvolvi a mentalidade empreendedora, pois ser empresária sempre foi meu sonho. Após passar por todas as áreas em um salão, aprendi e arrisquei meu próprio negócio, na garagem da minha casa. Eu sabia que seria apenas o começo de tudo que eu tenho hoje.

Persista.

A jornada empreendedora no setor da beleza pode ser repleta de altos e baixos. Persista diante das dificuldades, aprenda com os fracassos e mantenha o foco em seus objetivos. A persistência é essencial para superar obstáculos e alcançar o sucesso a longo prazo.

Conheça o mercado.

A minha vida é feita de desafios, esperança e resultados. A sua pode ser assim também. Atuo em um mercado muito importante para a economia. Você sabia que a população brasileira é a segunda em todo o mundo que mais gasta tempo em cuidados com a aparência? Foi o que apontou uma pesquisa feita pelo Instituto GfK, da Alemanha. Esse mesmo levantamento prevê um crescimento de mais de 6% ao ano e, no pós-pandemia, esse mercado da beleza cresceu mais de 70%. (Brasileiros..., 2021, *on-line*; Viegas, 2016, *on-line*).

Abra sua mente.

É preciso olhar para o futuro, construindo e plantando para ter frutos bons. Quando chegar a hora, a sua história dependerá das decisões e ações de hoje.

Ter visão e arriscar em inovação no seu negócio é o que vai fazer você se diferenciar dos(as) seus(as) concorrentes.

Acredite no seu potencial e no diferencial que você vai oferecer ao(à) seu(a) cliente.

Encare cada desafio como oportunidade.

Abra sua mente para o crescimento e para a inovação e acredite na sua capacidade de enfrentar os obstáculos, que são comuns a qualquer negócio.

Encaixe-se às mudanças.

Vivencie uma adaptação rápida a novas situações ou mudanças em seu mercado.

Aprenda constantemente e invista em você e na equipe.

Invista em você e no seu negócio.

O empreendedorismo exige sacrifício e dedicação. É importante investir tempo, energia e recursos financeiros no seu negócio. Esteja preparado(a) para enfrentar desafios e fazer os sacrifícios necessários para alcançar seus objetivos, pois essa jornada tem vários desafios e várias oportunidades também.

Busque constantemente oportunidades de aprendizado e capacitação profissional no setor da beleza. Esteja atualizado(a) com as últimas tendências, técnicas e tecnologias. Invista em cursos, *workshops* e treinamentos para aprimorar suas habilidades e oferecer serviços de alta qualidade aos(às) seus(as) clientes. Não se esqueça de que valemos aquilo que sabemos, assim o conhecimento sempre nos dará bons frutos.

Comunique-se.

Comunicação é o caminho para você conhecer e encantar seu(a) cliente.

Ela deve ser prioridade desde o primeiro contato, durante todo o atendimento e após ele também.

No mundo digital de hoje, é essencial ter uma forte presença *on-line* para alcançar e engajar seu público-alvo. Crie um *site* profissional, esteja ativa(o) nas redes sociais relevantes para o seu público e utilize estratégias de *marketing* digital para promover seu negócio de beleza e atrair novos(as) clientes. Se não souber executar, contrate pessoas que consigam organizar.

Eu não sabia que eu era muito mais do que apenas uma cabeleireira, com mãos habilidosas e uma visão única para o estilo, que transformou simples cortes de cabelo em obras de arte vivas. Desde tenra idade, sabia que meu destino estava entrelaçado com cabelos e as tesouras afiadas.

Nascida em Coqueiral, periferia da grande Recife/PE, minha paixão pela beleza começou como um fascínio inocente. Eu observava com admiração os cabeleireiros locais, absorvendo cada movimento com uma determinação silenciosa. Com o tempo, minha habilidade natural começou a se manifestar. Meus cortes eram impecáveis, com criações verdadeiramente únicas.

Enfrentando desafios e críticas, eu persisti. Recusei-me a ser limitada pelas expectativas impostas sobre mim. Em vez disso, usei cada obstáculo como um trampolim para o sucesso. Minha força de vida levou-me a explorar novas técnicas, aprimorar habilidades e, finalmente, abrir meu próprio salão. Comecei no terraço de minha casa, só com o básico, pois não tinha dinheiro nem ninguém para me ajudar financeiramente a ter um salão melhor. Comecei com uma cadeira e um lavatório de cabelo e, aos poucos, fui conquistando as clientes do meu bairro e, com o dinheiro que eu ganhava, comecei a investir. Eu sabia que eu precisava ter um salão diferenciado de todos os outros, então fui fazendo cursos especializados em terapia capilar, para não só cuidar do cabelo, como também me aprofundar em tricologia, que é a ciência que estuda o couro cabeludo e suas patologias (como caspas, oleosidade, dermatite etc.). O ponto principal que eu observei era que havia muitas mulheres e muitos homens com queda capilar, entre outros pontos. Então, percebi que esse era o caminho, fazer o que ninguém fazia. E foi assim que nasceu o meu primeiro salão, o Studio Lena Mota, um lugar aconchegante e acolhedor, em que o foco não era cuidar de cabelo, mas sim de pessoas que precisavam de muita ajuda. A autoestima baixa é a doença do futuro, com muitas mulheres doentes por dentro, que não conseguem enxergar o quanto elas são lindas, fortes e capazes de ser quem elas quiserem. Assim, no ano de 2018 inaugurei esse lugar incrível e, acredite, eu não tinha onde colocar as clientes, que não paravam de chegar. Era gente de todos os lugares, de outros bairros, cidades e estados.

Eu montei uma equipe de oito funcionárias, treinei todas para prestarem um atendimento de qualidade, trabalhei incansavelmente, de domingo a domingo, sem descanso, pois o investimento que eu tinha feito havia ultrapassado R$ 70.000,00. Eu montei um *studio* de beleza lindo e aconchegante, não tive medo de arriscar, pois eu tinha a certeza de que Deus havia me presenteado com aquela casa e que Ele iria me honrar ajudando para que eu não deixasse de pagar uma conta sequer. E assim aconteceu. Hoje, o espaço tornou-se pequeno. Tratava-se de uma casa, que eu transformei em um salão. Passei por muitas dificuldades, passei mais de dois anos sem fazer feira, eu não saía para não gastar nenhum dinheiro, as dívidas que eu fiz eram muito grandes e eu precisava trabalhar muito para pagar. Mas hoje, com cinco anos de mercado, já vamos fazer investimentos para um lugar maior e, depois de três anos, mudei de *studio* para SPA, pois sabia que precisava ter todo um diferencial na área da beleza, que tanto cresce em nossa cidade. Também pensei em um novo modelo de negócio. Decidi montar um lugar especial, onde prezamos pela saúde, pela beleza e pelo bem-estar de nossas clientes, e logo mudei o conceito, desenvolvendo a minha própria identidade: SPA Lena Mota. O SPA é um lugar aconchegante e tranquilo, onde nossa missão é prestar um atendimento humanizado, com procedimentos veganos e terapêuticos, onde quem entra pela primeira vez sempre volta, porque se tornou um lugar acolhedor.

A notícia de habilidade extraordinária espalhou-se e, logo, pessoas de todas as partes vinham para experimentar a magia capilar. Eu não apenas cortava e estilizava cabelos, eu transformava vidas. Minhas mãos não apenas moldavam os fios, como também a confiança e a autoestima de cada cliente.

À medida que minha reputação crescia, tornei-me uma figura muito conhecida na indústria da beleza e meus talentos foram reconhecidos e premiados. No entanto, mesmo com todo o sucesso, permaneci humilde, sempre grata pela oportunidade de fazer o que amava.

Meu legado transcendeu além dos cortes e das tendências, inspirou muitos cabeleireiros e cabeleireiras, mostrando-lhes que, com paixão, dedicação e um toque de criatividade, qualquer sonho é alcançável. E provei que, com determinação e talento, uma mulher pode alcançar grandeza em um mundo que muitas vezes subestima seu poder. Não apenas cortei cabelos: cortei um caminho para o sucesso, deixando para trás um rastro de beleza e inspiração.

Já estou com um projeto montado para abrir minha segunda unidade, pois nunca deixei de empreender. Também tenho um projeto social para ajudar mulheres que não têm condições financeiras para investir em um curso de cabeleireiro e faço essa formação com certificado reconhecido em todo o território nacional, para que elas possam ganhar seu próprio dinheiro. Já tenho muitas alunas que possuem seu próprio salão e também são investidoras, pois eu incentivo para que elas não parem nem desistam dos seus sonhos. Fiz esse projeto porque eu senti na minha pele o que é não ter ninguém para ajudar a realizar o próprio sonho.

O sonho é o primeiro passo para o sucesso. Acredite em você e no seu negócio. O caminho é feito de fé, decisão, desafios e resultados. A beleza está em cada um de nós.

(Referências ao final do livro.)

Não se limite ao que você vê hoje. Aonde você pode chegar está além do que imagina. Que você seja sua maior inspiração!

Lena Mota

ASUS

MILENE LODI

Sou Milene E. F. P. Lodi, filha amada de Deus, casada com Ricardo Lodi e mãe do Lucas e do Rafael.

Sou *Master Coach*, analista comportamental e nutricionista. Sempre senti que deveria fazer algo a mais para ajudar as pessoas. Sentia que por meio da nutrição eu não atingia esse desejo totalmente. Vivendo uma jornada de desenvolvimento pessoal, encontrei minha paixão na metodologia do *coaching*. Hoje, consigo ajudar com profundidade e assertividade as pessoas e as conduzo a viverem uma vida com significado, mais plena e leve. Aprendi que a verdadeira mudança só acontece se mudarmos nossa mentalidade primeiro.

milenelodi_coach

+55 (45) 98823-8869

Milene Enz Lodi

milene_enz@hotmail.com

DNA DA MENTALIDADE

20

UMA VIDA COM PROPÓSITO

Por Milene Lodi

Propósito, no dicionário, apresenta vários sinônimos, como plano, missão, intuito, desígnio, finalidade, intenção, alvo etc.

Aqui, irei tratar o propósito como uma missão de vida, servindo ao seu próximo com amor, abastecendo-se de alegria, satisfação e vivendo uma vida com significado. Você já parou para pensar sobre isso alguma vez? Você já se questionou para que nasceu? Qual a sua utilidade nesta vida?

Já se sentiu perdido(a), aflito(a), com medo, triste, desanimado(a), inseguro(a), cansado(a), esgotado(a), abatido(a), desmotivado(a)? Tem a sensação de terminar o seu dia sem energia, sentindo-se consumido(a)?

Se você disse sim a alguma dessas situações, é possível que você não esteja vivendo o seu propósito, pois viver pelo propósito é sentir-se totalmente o oposto a tudo isso. É fazer todas as atividades com energia, alegria, paixão, motivação, leveza, tranquilidade, paz e amor. Você pode se cansar, mas não será consumido(a). Vivendo com propósito, sua força é renovada a cada dia.

Peço licença para explicar minha visão de propósito à luz de Deus como Criador de todas as coisas. Há uma passagem bíblica que diz: "Antes que no seio fosses formado, eu já te conhecia" (Jr 1,5). Em outra, diz-se que fomos criados por Deus, e fomos feitos à Sua imagem e semelhança (Gn 1,26-27).

Ou seja, fomos criados por Deus com todos os dons e talentos necessários para vivermos a nossa missão. Então, por que não estou vivendo o meu propósito?

Para acessar o propósito, o primeiro passo é desejar com toda força encontrá-lo, pois serão necessárias coragem e disposição. Você tem essa coragem?

O propósito não está fora de você. Ele está dentro, ele faz parte de quem você é. Você precisa saber quem você é de fato para chegar até ele. E o caminho que o(a) leva até o propósito se chama autoconhecimento.

O autoconhecimento pode ser adquirido com a ajuda de vários profissionais, como *coach*, psicólogo, psicanalista etc. Você escolhe um com quem tem maior afinidade. Outra maneira de acessá-lo é por meio da leitura e meditação da sagrada escritura diariamente.

Para encontrar o propósito, é preciso passar por uma transformação e uma renovação da sua mentalidade.

É necessário estar com a mente livre de crenças que nos limitam, estar com o coração o mais limpo possível, livre de maldades, cheio de perdão e livre das culpas que carregamos.

Para viver o propósito, é preciso desapegar-se de quem você aprendeu a ser, soltar e deixar vir para fora a sua melhor versão, aquela versão pura, sem orgulho.

O orgulho é nosso maior inimigo nesta jornada, devemos nos desfazer dele. Utilizamos o orgulho de modo inconsciente para nos proteger. Ele é como uma armadura que nós vestimos. Quanto mais orgulhosos somos, mais difícil acessar o propósito escondido dentro de nós mesmos. Ele nos protege tanto que dificulta até para nós mesmos nos conhecermos verdadeiramente. Ele bloqueia o acesso das pessoas aos nossos sentimentos.

Percorrer essa distância entre o orgulho e o propósito exige muita coragem, força, determinação e foco. Será necessário desfazer, dia após dia, a armadura que construímos.

A intenção de acessar o propósito deverá ser o nosso alvo. Devemos caminhar em direção a essa meta. Assim, é preciso mudar nossos comportamentos de forma intencional, trabalhar todos os dias para adquirir a humildade em todas as circunstâncias, pois o orgulho é o oposto da humildade. E a única arma capaz de destruir a armadura do orgulho em nós é a humildade.

Nossas experiências adquiridas ao longo da vida distanciam-nos de vivermos o nosso propósito, pois muitas delas imprimem em nós crenças limitantes ou disfuncionais, que nos fazem acreditar que não somos capazes, competentes, merecedores, e distorcem nossa identidade, quem somos verdadeiramente. E por meio dessas crenças, criamos nossa armadura de orgulho.

Tudo o que você acredita ser uma verdade sobre você, nada mais é do que o fruto das suas experiências vividas que agora se tornaram suas verdades, e a isso damos o nome de crença.

As crenças são as verdades que cada um carrega com convicção, pois foram criadas com experiências vividas ou sentidas e que agora nos fazem agir de modo consciente ou inconsciente em todas as situações do nosso dia a dia.

Se você viver baseado(a) somente em suas crenças, não acessará o seu propósito. Quem não está disposto a encontrar a verdade pura sobre si e insiste em seguir acreditando apenas em suas crenças, deixará de se abrir para novas possibilidades, correndo o risco de viver com a sensação de ter uma vida sem sentido, incompleta, desiludido, vazia, triste ou desanimada.

Não existe outro caminho para encontrar o seu propósito que não seja pelo autoconhecimento. Você o encontrará ao longo da sua jornada de desenvolvimento pessoal. O termo jornada é utilizado porque será necessário tempo e dedicação para acessá-lo.

Nesse período, você se desenvolverá muito como pessoa. Aprenderá muito sobre o porquê de fazer determinadas escolhas e ter determinados comportamentos. E, a partir de cada aprendizado, aplicará mudanças reais em sua vida.

Para viver o seu propósito verdadeiramente, você precisará arrumar toda a sua casa do lado de dentro, quero dizer, seu coração, sua mente, seus sentimentos, suas emoções, suas crenças, sua identidade pessoal.

E, se você acha impossível ou muito difícil trilhar esse caminho em busca do seu propósito, sinto lhe dizer, mas você deixará de viver os melhores dias da sua vida, pois viver o propósito é encontrar graça em tudo o que se vê. É ver a vida com os olhos do coração. É entender as pessoas enxergando quem de fato elas são, isolando-as de seus comportamentos.

Viver o propósito é enxergar que o ser humano é extremamente frágil e passível de errar, assim como nós também erramos e podemos aprender com eles.

Viver o propósito é reconhecer que somos feitos por um Deus de amor e devemos amar. O ser humano é totalmente dependente de amor. E onde há amor, ali há paz, esperança, alegria e plenitude.

E como o amor chega com o propósito? O caminho é um só: iniciar a cura e a restauração do lado de dentro. Quando você caminha nessa direção, o seu amor começa a aumentar. Primeiro, você passa a se amar, se respeitar, se acolher, se entender e se reconhecer como filho amado de Deus. E isso, quando atinge um certo ponto, começa a transbordar. E esse amor que transborda, agora, atinge as pessoas que estão próximas a você. O seu servir, independentemente do que você faz, por mais simples ou complexo que seja, passa a ter um novo significado.

Vale ressaltar que, para isso ter continuidade, é necessário escolher de modo intencional viver todos os dias pelo seu propósito.

E, se essa for a sua decisão, haverá uma fonte inesgotável de amor que se derramará sobre você, ao ponto de transbordar todos os dias, por meio de suas mãos, suas palavras, suas atitudes, suas escolhas e seus comportamentos para com pessoas e situações que vivenciar.

Não é uma vida romantizada, é uma mudança de visão sobre a vida, onde o que era trevas se torna luz, independentemente das dificuldades que devemos superar no cotidiano. E elas vão continuar existindo, mas a nossa visão diante dos desafios passa a ser positiva e esperançosa.

Acredito que o propósito existe sempre para servirmos ao outro. Por meio dele, somos canal de cura, soluções e respostas na vida das pessoas. É um ato de servir com amor.

Viver uma vida com propósito não é uma exclusividade restrita à profissão. É ter a certeza de fazer o que está ao seu alcance hoje, onde você estiver, com os meios e os recursos que houver, beneficiando quem estiver sob seus cuidados em cada momento, da melhor forma possível.

Ou seja, você vive o seu propósito em casa, na rua, no seu trabalho etc., porque o bem e o amor podem ser ofertados em qualquer lugar.

É possível que o propósito alcance muitas pessoas pela área profissional, como isca para se tornarem uma pessoa melhor em todas as áreas da sua vida, pois nessa jornada, com a renovação da sua mentalidade, você descobre que todos os dias pode ser melhor como pessoa, cônjuge, pai, filho, irmão, amigo, profissional e cidadão.

Sendo assim, você pode sentir a vontade de viver seu propósito em qualquer área da sua vida, mas, acredite, ela será a isca que o(a) conduzirá a ser a melhor pessoa onde você estiver.

Se ter um propósito para viver é algo que queima em seu coração, é preciso dar um mergulho dentro de si, olhar com carinho para sua história, acolher os sentimentos e comportamentos, reprogramar suas crenças, resgatar todo seu potencial adormecido. Assim, estará aberto para se encontrar com as possibilidades que surgirão caminhando intencionalmente pelo caminho verdadeiro que o(a) leva até ele.

Ressalto que o propósito muda conforme você vai se aprimorando. Ele não é único e rígido, são vários e flexíveis, e eles vão nos moldando de acordo com a necessidade do meio em que servimos. Ou seja, nunca estaremos totalmente prontos, porque quando estivermos, nossa missão será reformulada, e então serão necessárias novas mudanças de mentalidade.

Para isso, devemos carregar conosco a humildade, por meio dela sempre teremos disposição para aprender ou reaprender. E, quanto mais adquirimos conhecimento, mais sábios e livres somos.

Viver uma vida com propósito sempre deixa frutos, e estes frutos deixarão novas sementes. Vivendo o seu propósito, você impacta pessoas e essas têm a possibilidade de levarem o bem que receberam adiante.

Portanto, quem vive uma vida com propósito deixa um legado, um exemplo a ser seguido. Mas, não se trata de buscar um propósito para ser reconhecido e aplaudido, pois todos os seus dons foram recebidos de Deus. A nós somente foi dada a permissão para usá-los. E, por isso, toda honra e toda glória devem ser direcionadas a quem é digno de recebê-las: Deus.

E, se você não sabe como trilhar o seu caminho para viver a sua vida com propósito, convido-o(a) a vir fazer um processo de *coaching*. Eu amo o que faço, esse é o meu propósito, transformar a vida de pessoas e levá-las a viverem uma vida extraordinária.

Para viver o propósito, é preciso desapegar-se de quem você aprendeu a ser, soltar e deixar vir para fora a sua melhor versão.

Milene Lodi

NATÁLIA MAFRA

Sou Natália Mafra, natural de Caratinga/MG, onde atualmente resido com meu esposo Marcos e nossa querida filha Ana Amélia. Embora minha formação inicial tenha sido em Direito, encontrei minha verdadeira paixão longe dos tribunais, dedicando-me às terapias, à mentoria e à escrita, tornando-me especialista em frequência das emoções humanas e reprogramação mental com o respaldo da física quântica.

Essa busca por compreensão da mente humana levou-me a aprofundar nos estudos na área da saúde mental e desenvolvimento humano, buscando entender as nuances da vida desde a sua origem e, hoje, curso pós-graduações em Neurociência, Psicanálise e Resolução Sistêmica de Conflitos.

terapiasdaalma.nataliamafra

nataliamafraterapeuta

+55 (33) 98848-2485

nataliamafra.terapiasdaalma@gmail.com

DNA DA MENTALIDADE

21 A FORÇA DA EMPATIA NO DESENVOLVIMENTO PESSOAL E PROFISSIONAL

Por Natália Mafra

Neste livro, como coautora, eu tenho a oportunidade de compartilhar minha perspectiva sobre o impacto da empatia na vida pessoal e profissional. Minhas vivências nessas áreas proporcionaram-me uma visão integrativa do ser humano, aprofundando meu entendimento sobre o universo das emoções humanas. Nesse sentido, meu objetivo aqui é expandir a compreensão sobre a empatia e demonstrar seu papel essencial numa vida mais harmoniosa, tanto individual quanto em comunidade.

Ao cultivarmos a empatia, não só enriquecemos nossas vidas, como também contribuímos para a construção de um mundo mais solidário e integrado. Assim, este capítulo não é apenas um relato de minhas vivências e saberes, é também um convite para que você, leitor(a), descubra e abrace o poder transformador da empatia em sua própria jornada.

Desde pequena, sentia-me um pouco diferente. Mais sensível que o normal talvez e, por isso, muitas vezes era chamada de "chorona" e "manteiga derretida". Embora parecessem inofensivas, essas brincadeiras causavam-me sofrimento, pois me sentia deslocada, como se houvesse algo errado comigo. E comecei a perceber que essa sensação de não pertencimento intensificava-se em situações sociais, nas quais as emoções dos outros afetavam-me de tal forma que eu absorvia tudo ao meu redor. Eu era uma verdadeira "esponja" emocional, e isso era exaustivo.

Com o tempo, essa alta sensibilidade começou a impactar meu dia a dia. A dificuldade de estabelecer limites emocionais deixava-me muito vulnerável em ambientes tóxicos e eu constantemente questionava por que era tão afetada. A clareza surgiu após anos de estudo em ciência e espiritualidade, ao descobrir que eu fazia parte de um grupo de pessoas altamente sensíveis (PAS). Esse conhecimento transformou minha vida, permitindo-me ver minha sensibilidade não mais como uma fraqueza, mas como uma característica inata que apenas precisava ser entendida e acolhida.

No entanto, essa revelação também me mostrou como a falta de empatia alheia e minha dificuldade em definir limites saudáveis distanciavam-me da minha verdadeira essência. Como eu estava constantemente em um estado de desequilíbrio emocional, vibrando nas mais baixas frequências, como a vergonha e o medo, enfrentei intensas lutas internas, que me levaram a um significativo desgaste emocional e mental.

Na busca por respostas, mergulhei fundo nos estudos da física quântica e da neurociência. E é por aqui, querido(a) leitor(a), que vou conduzir você nesta leitura, compartilhando um pouco mais do que aprendi nesses últimos anos. Tenho certeza de que são *insights* que podem transformar profundamente sua vida.

Mas o que realmente significa empatia (um termo tão discutido atualmente)? Simplificando, empatia é a habilidade de entender e sentir o que outra pessoa está sentindo, mesmo que você não esteja na mesma situação. No entanto, sua base não se limita apenas ao domínio emocional ou social. Avanços na física quântica e na neurociência revelam que a empatia está profundamente enraizada nas leis do universo e na constituição do nosso cérebro, e é por isso que vamos explorar como esses campos se entrelaçam para formar o DNA da mentalidade empática.

A neurociência nos mostra que a empatia é um fenômeno enraizado em nossa biologia. Os neurônios-espelho, por exemplo, são células cerebrais que se ativam por meio de estímulos externos, quando um indivíduo percebe de maneira significativa o comportamento do outro e reproduz interna ou externamente a ação observada. É por meio desses neurônios que, por exemplo, durante uma conversa, se uma pessoa bocejar, a outra muito provavelmente também bocejará. Também são eles que permitem que os bebês e as crianças aprendam a se comportar e expressar suas emoções como os adultos com quem convivem.

Esses neurônios são importantíssimos no aprendizado de habilidades, pois ao observar uma pessoa expressando uma emoção, falando ou fazendo algo, tais neurônios são acionados e se tornam predispostos a espelhar a ação, ou seja, reproduzi-la. Por meio deles, nosso cérebro processa diferentes tipos de empatia, que impactam nosso dia a dia de maneiras distintas.

A empatia emocional é a mais conhecida. Refere-se à capacidade de sentir as emoções da outra pessoa como se fossem suas próprias emoções. Essa forma de empatia gera uma resposta afetiva imediata. Por exemplo: ao assistir a um filme, você pode se emocionar com cenas vivenciadas pelos personagens, ou em conversas, quando um amigo expressa tristeza ou alegria e você compartilha dessas mesmas emoções.

A empatia compassiva é o impulso para agir e ajudar alguém após perceber seu estado emocional. Isso inclui sentir o que o outro sente e ser motivado a aliviar seu desconforto. Na prática, isso pode se manifestar quando você percebe um colega de trabalho sobrecarregado e se oferece para ajudar, ou em situações de emergência, em que a urgência de prestar assistência é motivada pelo desejo de aliviar o sofrimento das vítimas. A diferença dessa e da primeira é que aqui existe não só o desconforto emocional, mas também a vontade de fazer alguma coisa. Além de sentir, vem o ímpeto de agir em prol do outro.

Já a empatia cognitiva é a habilidade de compreender intelectualmente as perspectivas e pensamentos de outras pessoas. Essa empatia não envolve necessariamente compartilhar as emoções, mas sim entender os pontos de vista alheios. Um exemplo é quando você prepara uma palestra com o conteúdo adequado a determinado público, garantindo a compreensão de todos. Ao meu ver, essa é a habilidade mais importante que um profissional deve desenvolver, uma vez que estamos interagindo com o meio o tempo todo.

Dessa forma, podemos concluir que os neurônios-espelho operam por meio da empatia e, por isso, são essenciais tanto para o aprendizado pessoal quanto para o convívio social. Esses neurônios funcionam como verdadeiros espelhos, refletindo não apenas o que observamos, mas o que já reside dentro de nós. Estamos nos espelhando e sendo espelhados pelos outros o tempo todo, e esse fato nos direciona ao segundo estudo que mais me trouxe expansão de consciência nos últimos tempos, que foi compreender o campo vibracional que atua em tudo e em todos o tempo todo.

Todos nós emitimos um campo magnético, que interage com o ambiente ao nosso redor. A "lei da ressonância" explica como nossas emoções e intenções criam campos magnéticos que atraem ou repelem outros campos. Somos como antenas, captando e transmitindo frequências o tempo todo. Dessa forma, a empatia vai muito além de simplesmente se colocar no lugar do outro, é também uma questão de sintonizar com as emoções e energias ao nosso redor.

Assim como os ímãs atraem ou repelem objetos com base em sua polaridade, as emoções e intenções humanas também geram campos magnéticos que afetam aqueles ao nosso redor. E a lei da ressonância está relacionada justamente com a interação entre esses campos presentes no universo. Segundo essa lei, tudo no universo possui uma frequência vibracional única e, quando duas ou mais frequências se encontram, elas podem se harmonizar ou repelir, dependendo da sua compatibilidade.

Cada emoção que sentimos gera uma frequência específica, que contribui para o campo magnético pessoal que emanamos. Esse campo interage com outros campos, influenciando e sendo influenciado em um processo contínuo de troca energética. Essa interação é a base da teoria dos campos quânticos, nos quais todos estamos conectados por meio de um campo que transcende as barreiras do tempo e espaço físico.

Hoje eu entendo por que me sentia como uma "esponja" emocional. Com o entendimento que tinha na época, a minha percepção era de que eu absorvia e era constantemente "contaminada" pelas energias alheias. Mas na verdade, devido à minha alta sensibilidade, eu captava com muita facilidade as energias do ambiente. No entanto, o que ressoava com o meu campo vibracional era apenas o reflexo das minhas próprias energias de baixa frequência, uma vez que vibrava constantemente na vergonha e no medo.

Nossas respostas emocionais aos outros serão sempre um reflexo de nossos próprios estados internos. Cada interação, portanto, torna-se uma oportunidade não apenas para entender os outros, como também para um profundo autoconhecimento e para observar o que essas emoções estão despertando dentro de nós. Cada reação que apresentamos em relação ao outro é apenas uma validação daquilo que carregamos, da nossa bagagem de vida. Nossos traumas, nossas crenças e nossas limitações serão sempre despertados pelo outro enquanto não pararmos para "olhar" a mensagem que ainda não foi compreendida.

Inclusive, quando você se torna consciente de sua identidade vibracional, ou seja, das informações que você emana constantemente para o universo, você também tem a oportunidade de "escolher" com que tipo de pessoa deseja estar em ressonância, pois ao mesmo tempo que você se espelha, o outro também se espelha em você. Então, se você busca desenvolver uma mudança consistente em sua vida, sugiro que evite pessoas e/ou ambientes pessimistas, de reclamação, que vibram na vitimização, afinal, esses são comportamentos que definitivamente ninguém deseja espelhar.

Por meio da reprogramação mental, é possível desenvolver a empatia de forma estratégica, para construir uma mentalidade de sucesso. Ao nos tornarmos mais conscientes das emoções que nos cercam e como elas ressoam em nós, podemos reprogramar nossa mente para responder de maneira mais construtiva, capacitando-nos a enfrentar desafios com maior resiliência e aproveitar as oportunidades para o crescimento pessoal e profissional.

Ninguém chega à nossa vida por acaso. Cada pessoa que cruza nosso caminho é uma oportunidade de cura e crescimento, e espero que, de alguma forma, este capítulo da minha vida tenha dado um pouco de contribuição para o seu despertar. E, aproveito para convidá-lo(a) a conhecer um pouco mais de meu trabalho como neuroterapeuta e reprogramadora mental. Será um prazer ser sua mentora e fazer parte dessa transformação incrível que o(a) espera.

Aquele que não vê no outro a si mesmo ainda não entendeu o sentido da vida.

Natália Mafra

NATÁLIA SIMONAZZI

Olá, queridos leitores! Eu me chamo Natália Simonazzi. Sou psicopedagoga, especialista em gestão de pessoas (carreiras, liderança e *coaching*), consultora de desenvolvimento pessoal, esposa, boadrasta, filha e irmã.

Em minha jornada de vida, tive de fazer muitas escolhas, como você, algumas boas e outras nem tanto, e durante essa jornada aprendi que é preciso tomar as rédeas do nosso próprio destino. Entendi que o meu futuro estava em minhas mãos, assim tive de abdicar de sonhos que não eram meus e percorrer o meu caminho. Meu propósito em ser coautora deste livro é o de ajudar você a despertar o seu melhor, com ajuda da magia que é a autoliderança. Descubra como alcançar essa habilidade, que será a chave para a sua evolução pessoal.

natalia.simonazzi

DNA

22

A MAGIA DA AUTOLIDERANÇA

Por Natália Simonazzi

Quando foi que aconteceu meu despertar para autoliderança? Por uma sutil percepção, quando eu tinha 18 anos. Visualizei a vida que eu vivia e, então, naquele momento percebi que vivia uma vida que não foi criada por mim, não estava satisfeita com aquilo e entendi que, para melhorar aquelas condições, teria de tomar as rédeas das minhas escolhas. Assim, primeiro fui buscar entender quem eu era, o que eu realmente queria. Após isso, coloquei para mim mesma a condição de que, para tudo que eu escolhesse realizar, teria de dar o meu melhor e finalizar. Agora, estou aqui escrevendo a minha própria história e repassando o meu conhecimento para ajudar aqueles com os quais o meu caminho cruzar.

Nessa busca incessante por autoconhecimento, fui compreendendo que, na jornada da vida, cada um de nós é chamado primeiro para liderar nós mesmos, antes mesmo dos outros. Dessa maneira, a autoliderança não é apenas uma habilidade, mas uma descoberta mágica que nós dá a capacidade de buscar a autogestão, o autodomínio e a autodescoberta. Ter autoliderança é saber liderar a si mesma, comandando suas ações e comportamentos em qualquer ambiente. A autoliderança proporciona que você conduza sua vida de forma mais plena, isso engloba os obstáculos que você encontrará pelo caminho e, caso precise decidir mudar o percurso, não se sinta mal por isso, pois o que vai garantir a ter sucesso em suas escolhas é a forma com que você irá lidar com esses acontecimentos. Ah, e pode ter certeza: o que mais haverá são os obstáculos. Pense que a vida é como um livro e, a cada dia, ganhamos de Deus uma página em branco, para que possamos fazer nossas escolhas mediante aquilo que é apresentado em nosso dia a dia. Nós temos o poder de escolher como vamos preencher cada página, quais histórias vamos contar e quais lições vamos repassar. Os obstáculos vão chegar, então esteja com a mente preparada para passar por cima deles e não perder o foco daquilo que você escolheu para sua vida.

Agora eu lhe pergunto: você acredita que está no controle da sua própria vida? Você tem realizado as ações desejadas a que se propôs? Se sim, você pode se considerar uma pessoa que é líder de si. Agora, se não, leia os próximos tópicos, em que apresento os principais pilares que a ajudarão a chegar a essa habilidade tão importante.

1º pilar: autoconhecimento

Sabemos que a vida é uma caixinha de surpresas, algumas boas e outras nem tanto, momentos desafiadores teremos, por isso é tão importante sermos líderes da nossas próprias atitudes e nossos próprios pensamentos, com intuito de encará-los e vencê-los. Em razão disso, o pilar inicial é o domínio emocional. E, para dominar suas emoções, você precisa saber reconhecê-las, nomeá-las, entender seus gatilhos para que, assim, você consiga desenvolver meios de lidar com elas.

O autoconhecimento é, dessa maneira, o ponto de partida essencial para o desenvolvimento da autoliderança. Sabemos que hoje em dia se fala muito sobre isso, e que bom que é assim, pois estamos num momento em que precisamos muito nos autoconhecer, para não nos perder no meio de tantas informações. Diante disso, questiono-me aqui: temos tantas informações sobre autoconhecimento, mas quantos de nós realmente o têm praticado e buscado?

Eu sei, conhecer-se não é tarefa fácil, porque não fomos ensinados a isso. Mesmo assim, nunca é tarde para aprender e, se eu consigo, você também consegue. Você precisa saber que esse processo vai exigir uma exploração corajosa das suas próprias forças, suas fraquezas, seus valores, suas crenças e seus motivadores essenciais. Explorar suas próprias emoções é uma jornada de autodescoberta contínua, leva tempo e estaremos em constante mudança durante esse período, por isso fique tranquila, quanto mais você praticar o autoconhecimento, mais compreensão terá de si mesma e mais capaz será de liderar a si mesma e aos outros com autenticidade e eficácia. Agora, exploraremos estratégias para mergulhar no mundo complexo das emoções.

<u>Estratégia 1</u>: a observação consciente das suas próprias emoções. Pode ser praticando com meditação, ou então reserve alguns minutos todos os dias para simplesmente se sentar em silêncio e observar o fluxo de

pensamentos e sentimentos. Meditar é uma prática muito eficaz para cultivar a consciência emocional. Comece todos os dias com cinco minutos e vá aumentando conforme sentir necessidade, concentre-se na sua respiração ou em sensações corporais, como forma de ancoragem no momento presente. Quando surgirem pensamentos ou emoções, observe-os sem julgamento e volte suavemente à sua respiração. Isso ajuda a desenvolver a capacidade de observar suas emoções sem se deixar arrastar por elas.

<u>Estratégia 2</u>: escreva em um caderno suas emoções, coloque as experiências emocionais que você teve durante o dia. Anote como se sentiu, o que desencadeou essas emoções e como você reagiu. Isso não só ajuda a identificar padrões emocionais, como também a processar e liberar emoções negativas. Algumas perguntas que podem ajudá-la durante a ação: qual é a origem dessa emoção que estou sentindo? Explore as raízes dessa emoção. Ela está ligada a uma experiência passada, a uma memória específica ou a uma situação atual? O que essa emoção está tentando me dizer? Tente entender a mensagem oculta por trás dessa emoção. Ela está indicando uma necessidade não atendida, um desejo não expresso ou uma crença fundamental sobre si mesma ou sobre o mundo? Essa emoção está enraizada em alguma crença limitante? Explore se essa emoção está ligada a alguma crença sobre si mesma, sobre os outros ou sobre o mundo, que possa estar limitando sua capacidade de experimentar plenamente a vida.

2º pilar: visão pessoal

O segundo pilar é o da definição da sua visão pessoal de vida. Você precisa saber aquilo que a motiva e o que deseja, saber disso é fundamental para orientar suas ações e decisões em direção ao futuro que almeja. Nesse sentido, a seguir estão algumas etapas que podem ajudá-la a criar sua própria visão pessoal.

<u>Etapa 1</u>: autoquestione-se: o autoquestionamento profundo será uma das principais ações para descobrir a sua visão pessoal, como: o que eu mais valorizo na vida? Identifique seus valores fundamentais, isso irá ajudá-la a entender o que é mais importante para você e o que você deseja priorizar em sua vida. Quais são meus maiores sonhos e desejos? Identificar seus sonhos e desejos mais profundos pode ajudá-la a entender o que a motiva e a inspira. Como eu gostaria de contribuir para o mundo? Refletir sobre como você deseja fazer a diferença no mundo pode ajudá-la a entender

suas ambições de contribuição e impacto. Como eu quero ser lembrada? Pensar sobre o legado que você deseja deixar para trás pode ajudá-la a entender o impacto que deseja ter no mundo e nas vidas das pessoas ao seu redor.

Etapa 2: visualize como seria sua vida ideal daqui a cinco, dez ou vinte anos. O que você estaria fazendo? Onde você estaria morando? Como seria sua carreira, seus relacionamentos e seu estilo de vida? Permita-se sonhar grande e sem limitações. Ao visualizar a vida ideal, certifique-se de que ela seja específica e mensurável. Em vez de apenas dizer que deseja ser feliz ou bem-sucedido, defina o que esses termos significam para você e como você irá medir seu progresso em direção a eles.

Etapa 3: crie um plano de ação: uma vez que você tenha definido criar um plano de ação, é fundamental, para começar a trabalhar na realização de seus objetivos e aspirações, saber que passos específicos você pode tomar para transformar sua visão em realidade.

Lembre-se de que sua visão pessoal é única para você e deve refletir seus valores, paixões e propósitos mais profundos. Não tenha medo de sonhar grande e perseguir suas aspirações com determinação e dedicação.

3º pilar: disciplina

Após definir sua visão pessoal de vida, o terceiro pilar é ter disciplina para seguir com as ações colocadas no plano de ação, estabelecendo as prioridades e identificando as atividades e tarefas mais importantes que a ajudarão a progredir em direção aos seus objetivos. Concentre-se nelas primeiro e evite distrações que possam desviar sua atenção. Durante esse processo, será necessário controlar seus impulsos e emoções. Aprenda a lidar com a frustração, o estresse e o desconforto de maneira construtiva, em vez de recorrer a comportamentos impulsivos ou autodestrutivos. Se houver contratempos, encare-os como oportunidades de aprendizado.

Em vez de desistir, quando enfrentar obstáculos, reflita sobre o que deu errado e como você pode melhorar no futuro. Seja gentil consigo mesma, não seja muito rígida. Aceite que você é humana e que cometer erros faz parte do processo de aprendizado. Trate-se com compaixão e respeito, mesmo nos momentos de dificuldade. E celebre muito cada vitória, comemore seu progresso, por menor que seja. Isso a motivará a continuar avançando em direção aos seus objetivos.

A autoliderança não é um destino final, mas sim uma jornada contínua de autodesenvolvimento e autotransformação. Ao cultivar esses pilares fundamentais da autoliderança (autoconhecimento, visão pessoal e disciplina), podemos despertar a líder que reside dentro de cada um de nós e, assim, criar uma vida com significado, propósito e impacto.

Autoliderar-me mudou minha vida e a vem mudando a cada dia, ter essa magia torna-me uma mulher mais comprometida com meu propósito, que é o de ajudar outras mulheres a se autoliderarem e conquistarem tudo que é da sua capacidade, pois vivemos em uma era de oportunidades sem precedentes, mas muitas vezes nos encontramos subestimadas e sub-representadas. Vamos mudar esse cenário, investindo em nossa própria grandeza. Por isso, convido você a começar as atividades propostas, a me seguir nas redes sociais para se aprofundar ainda mais nesse tema e, quem sabe, ter-me como sua mentora para ajudá-la nessa jornada mais de perto. Lembre-se que Deus tem um propósito na vida de cada um de nós, Ele quer nos ver vencendo e construindo a vida de abundância em todas as áreas de nossa vida, com Ele iremos cada vez mais longe, pois tudo que está em Suas mãos e Seus cuidados é bom, perfeito e agradável. Mas lembre-se: é preciso dar o passo para que Deus coloque o chão. Confie em Deus, siga em frente, em direção aos seus objetivos, que Ele a guiará e dará o suporte necessário para alcançá-los.

A autoliderança começa quando você olha para dentro de si e se compromete a crescer, aprender e se tornar a sua melhor versão.

Natália Simonazzi

PAMELA MARTINS

Olá! Eu sou a Pamela, ex-sedentária, ex-doente e ex-vítima de disfunção mental. Moro com minha família – meu esposo Wilson e minha filha Kemily, de 20 anos. Minha formação acadêmica: sou educadora física, fisioterapeuta especialista em coluna, mentora e *coach* especialista comportamental.

Sou completamente apaixonada por atividade física, obcecada por desenvolvimento humano físico e mental. Com todo o meu conhecimento e a minha vivência, gero resultados extraordinários e duradouros. Eu superei grandes desafios e aderi à disciplina e à autodisciplina, assumindo o controle da minha história de vida. Hoje, transformo a vida de muitas pessoas em todas as áreas e quero impactar a sua neste capítulo.

pamelap_martins

pamela_colunasemdor

+55 (11) 96105-1571

23 O DISCIPLINADO É INSUPERÁVEL

Por Pamela Martins

Tudo mudou em duas fases da minha vida e em ambas eu disse "Chega!". Eu sou Pamela Martins e será um prazer dividir minha história com você!

Na primeira fase, eu cansei de sofrer para comprar roupas, de ouvir pessoas falarem sobre meu peso. Na segunda, eu me sentia frustrada por ficar me humilhando e me explicando para usar o cartão de crédito e cansei de ganhar pouco e ter o nome sujo.

Eu me sentia frustrada por sempre tentar emagrecer e não conseguir. Tomava várias fórmulas, passava fome e o problema era resolvido apenas a curto prazo! Das roupas que eu gostava, nenhuma me cabia. Eu sempre quis vestir uma roupa de tactel (na época era moda), mas não me servia.

Meu atual esposo gostava desse estilo de roupa e comprava sempre na mesma loja. Eu sempre pedia para provar e nunca cabia. Mas eu tinha esperança, até que um dia o vendedor falou: "Você não vê que essa roupa não vai servir em você?". Fiquei quieta e triste. Porém, naquele momento, eu disse um chega a essa situação e decidi entrar na roupa que eu queria.

O sobrepeso, além de provocar uma baixa autoestima, deixou-me doente. Ainda na adolescência, já tinha problemas respiratórios, dormia sentada e vivia dependendo de medicações. Minha mãe percebia essas dificuldades e tentava incentivar a prática de atividades físicas. Desde eu pequena, fazíamos juntas. Eu sempre gostei, porém não tinha disciplina, e também gostava muito de comer alimentos que só me faziam mal.

Aos 17 anos tornei-me mãe. Obviamente, pelo contexto, eu me alimentava por dois. Fiquei imensa, tive minha preciosa filha e continuei na luta, mas agora sendo mãe. Antes de minha filha, minha existência era sem sentido:

eu aceitava a vida, mas tinha uma mente totalmente disfuncional. Após minha filha, renasci! Queria ser uma pessoa melhor, me alimentar melhor, porque eu queria que ela fosse saudável, também desejava ter uma profissão para que ela se orgulhasse de mim.

Eu renasci junto com minha filha. Desde então, comecei a querer me alimentar melhor e ter um trabalho. Como eu já gostava muito da prática de atividade física, escolhi ser educadora física, primeiro porque gostava, mas também porque poderia ajudar outras pessoas que estavam sofrendo como eu. Com isso, eu também me cuidava e tinha flexibilidade de horários para estar com minha filha.

Fui uma professora com sobrepeso por muitos anos e, como você pode imaginar, sem qualquer credibilidade, porque fazia atividade, mas não me alimentava tão bem, até que um dia conheci um preparador físico, o Leandro Lima – mal sabia eu que ele me ajudaria a mudar minha história. Afinal, eu já tinha tentado de tudo.

Ele me ensinou que emagrecer não é sobre ficar sem comer e sim fazer boas escolhas. Eu fazia exatamente o que ele falava – aqui comecei a desenvolver a **disciplina** e a **autodisciplina**. Precisei fazer compras semanalmente, fazer as marmitas da semana e me alimentar no horário certo, e quando eu pensava em ser fraca, ele me trazia de volta para os meus objetivos.

Não passava fome com ele, só vontades. Já chorei por não poder comer o que queria, já me alimentei dentro do ônibus, já levei minha marmita para a praia. Quando eu ia para festas, não comia nada de diferente, somente o que eu levava. Foi desafiador, pois eu amava doces, bolos de festas (quem não?), mas tinha que persistir. Lembro até de dias em que eu cheguei a chorar por vontade de comer algo diferente. Para ser honesta com você, muitas vezes comia escondido para ninguém me julgar e ver minha fraqueza. Ei, você que me lê: isso é parte do processo! Na nossa jornada, encontramos subidas e descidas, mas você pode, como eu, aderir à **disciplina** e à **autodisciplina**. Isso foi o que me manteve forte nas subidas, tomando cuidado para descer cada vez menos.

Quando eu falo sobre esses dois termos, uma pergunta deve passar na sua cabeça: "Qual a diferença entre ambos?". Vou lhe explicar: **disciplina é a obediência às regras, fazer o que tem de ser feito, já a autodisciplina é a capacidade de permanecer motivado e se impulsionar, independentemente de como você se sente ou fica emocionalmente.**

Ambos me tornaram firme. Leandro ensinou-me que, para eu emagrecer, precisava apenas selecionar os alimentos e manter uma rotina e uma constância. Não tinha como dar errado se estava fazendo o certo. Consegui emagrecer e, quando emagreci, decidi ter um abdome "tanquinho"! A dieta era mais restrita, mas com uma mente mais funcional e disciplinada não foi difícil. E eu consegui!!!

Passei por várias provas para saber se realmente minha mente tinha mudado. Após as conquistas, fraturei o pé e fui obrigada a ficar sem exercícios e a me alimentar com o que dava, pois eu dependia totalmente das pessoas. Foi triste, porque fazia 15 dias da inauguração da minha academia, onde eu era professora, gestora, diarista e recepcionista. Para completar, os médicos falavam que eu não voltaria a fazer o que eu amava: pular, saltar, dançar... Meu único pensamento era: "Eu só sei fazer isso, e é o que amo". Chorava muito, fiquei ansiosa e só queria comer e ficar no escuro. Perdi um pouco do controle, porém, com consciência de que aquilo apenas me faria mal, consegui voltar para o lugar em que estava antes. Como nós já falamos sobre descidas e subidas, compartilho com você a realidade do trajeto que percorri. Foram dias bons, outros péssimos, e entre todas as pessoas, a minha filha, de apenas 13 anos, levantou-me. Quando eu não queria sair, ela arrumava meu cabelo e passava meu batom. E isso é bom pontuar: na sua jornada, você terá que contar com pessoas que o(a) apoiarão com disciplina e afeto.

Nossa vida é um aprendizado contínuo, e nessa fase eu aprendi que precisava estar no controle do meu físico e da minha mente o tempo todo. Desde então, não me permiti mais fraquejar. Já que estamos falando sobre jornadas e fatores que podem nos ajudar nessa caminhada, preciso lhe perguntar: você sabia que o intestino é nosso segundo cérebro? E que tudo que consumimos gera uma resposta? Ela sensibiliza o sistema nervoso, que lhe devolve em forma de energia ou vai desligá-lo(a). Quando decidi não consumir mais alimentos que não fossem benéficos para a minha performance, passei a ser saudável e em forma.

Caro(a) leitor(a), se você hoje passa por algo parecido, o meu conselho é: **procure as pessoas certas para o(a) ajudar.**

Costumo dizer (porque percebo isso na minha vida): **a disciplina devolve!** Com tanta energia e produtividade, comecei a participar de *lives* com Joel Jota – que me impulsionou para mais conhecimentos –, fiz palestras e cursos de desenvolvimento pessoal, transformei a vida de muitas pessoas, especializei-me em coluna com o melhor doutor, Eduardo Guimarães, comecei a gerar resultados incríveis com o tratamento – pessoas deixaram de ir para a mesa de cirurgia e saíram da cama porque pude devolver sua dignidade.

Foi aí que decidi fechar a academia para me dedicar aos tratamentos. Afinal, eu, como personal, sempre tratei lesões. Durante os tratamentos, percebi que 90% das dores dos pacientes eram psicossomáticas. Nesse momento, notei que sempre tive dentro de mim algo que me levava a querer melhorar a vida das pessoas ouvindo e dando conselhos. Percebi que essa escuta tornava os meus resultados mais extraordinários. Então, decidi ir mais a fundo. Fiz o método cis e o *coach*. Durante o treinamento, percebi que muitas pessoas precisavam passar pelo processo *coaching*, como eu. Mudei várias áreas da minha vida, e hoje eu ajudo muitas pessoas a mudarem suas histórias.

Agora que você conhece minha jornada (com suas alegrias, tristezas, provas e vitórias), vou compartilhar dez passos que o(a) ajudarão a desenvolver a disciplina.

1. Fome de mudança: o que você precisa melhorar ou mudar?
2. Procure pessoas e lugares certos. E aqui, o(a) lembro da minha história: não adianta você querer emagrecer e viver diariamente com pessoas que o(a) levam para comer ou só falam em comida. Procure um *coach* ou mentor com quem você se identifica. Pague o preço. Saiba: sozinho, é bem mais desafiador e longo.
3. Mantenha-se concentrado(a) só em você. Críticas e desafios virão com força. Mas você está com fome de mudança, não é?
4. Precise de pessoas, mas não dependa delas.
5. Seja autorresponsável e saiba que todo resultado que você teve até hoje foi culpa sua, e toda mudança extraordinária de agora em diante é "culpa" sua também.
6. Fortaleça a sua mente, saindo da zona de conforto (não deixe sua mente contar a narrativa de que você nunca esteve confortável). Tudo aquilo que você faz parecendo um "robô" é confortável. Anote o que o(a) deixa desconfortável mas que, se realizar, vai lhe fazer bem. Vá e faça.

7. Não faça nada pela metade.

8. Não seja orgulhoso(a).

9. Acorde, leia e pratique atividades físicas sempre no mesmo horário, pois amplifica a neuroplasticidade cerebral.

10. Crie uma rotina inegociável, aquela que é de domingo a domingo. O que é inegociável para você?

Por fim, para dar certo, **você** precisa fazer dar certo. Não dê 1% de si todos os dias, dê 100%! Estou falando da sua vida e ela merece total entrega. Eu sempre dei 1% e o resultado você já sabe. Só tive resultados extraordinários quando a entrega foi de 100%.

Quero agradecer às sete pessoas que participaram do meu desenvolvimento mental e físico. Sem elas, eu não estaria impactando muitas vidas.

Ao meu pai Dinelson, por plantar a crença de capacidade e merecimento aos meus oito anos de idade. À minha mãe Cristina, por me ensinar a me autocuidar. À minha filha Kemily, por ter me escolhido para ser sua mãe. Ao Leandro Lima, por me devolver a autoestima e minha capacidade. Ao Joel Joeta, por expandir minha mente. Ao doutor Eduardo Magalhães, por compartilhar seu conhecimento e me mostrar um novo caminho. Ao meu esposo Wilson, por me inspirar com sua história e por não me deixar no conforto.

Gratidão em especial a você, caro(a) leitor(a), pelo seu tempo.

Se você não tem a habilidade de um disciplinado, pague o preço para ter um disciplinado ao seu lado.

Pamela Martins

PÂMELLA CANDIDO

Meu nome é Pâmella Candido. Sou natural de São Gotardo/MG, filha da Glória Lopes e irmã do Ryan Victor, minhas fontes de inspiração.

Sou mentora, escritora, especialista em *mindset* e programadora neurolinguística. Apaixonei-me pela mente humana e comecei a me aprofundar nesse universo em 2017.

Também sou líder de pessoas, atuando na área desde 2018, e sou formada em Engenharia Elétrica pela Universidade Federal de São João del Rei.

Estou sempre em busca de inovação e sou focada em resultados e em transformar a vida das pessoas. Possuo um *mindset* de crescimento que me permite estar sempre em busca de novos desafios e aprendizados.

eupamellacandido

+55 (16) 99322-6997

Pâmella Candido

pamella_candiido@hotmail.com

24

O *MINDSET* DE CRESCIMENTO

Por Pâmella Candido

Os resultados que temos em nossas vidas estão intrinsecamente ligados à nossa mentalidade. A mentalidade refere-se à maneira como uma pessoa pensa, percebe e interpreta o mundo ao seu redor. Envolve os padrões de pensamento, crenças, atitudes e perspectivas que influenciam as emoções, comportamentos e ações de alguém. O tipo de mentalidade determina como reagimos em momentos desafiadores, influencia nossa disposição para aprender e nos esforçar para melhorar, determina a maneira em como lidamos com o fracasso, os desafios, as adversidades e as críticas.

Existem dois tipos de mentalidade: a mentalidade fixa e a mentalidade de crescimento. A mentalidade fixa é caracterizada pela crença de que as habilidades, os talentos e a inteligência são fixos e imutáveis, enquanto a mentalidade de crescimento acredita que essas qualidades podem ser desenvolvidas e aprimoradas pelo esforço e pela prática.

As pessoas que possuem uma mentalidade fixa têm o seu potencial e o seu sucesso em diversas áreas da vida limitados, pois esse tipo de mentalidade leva as pessoas a acreditarem que suas habilidades, sua capacidade criadora e sua inteligência não podem ser desenvolvidas. Para essas pessoas, não tem como você evoluir nesses aspectos, você é o que você é. Uma frase comum que demonstra esse tipo de comportamento é: "Para que tentar se eu sei que não vou conseguir?".

As consequências de adotar uma mentalidade fixa podem ser significativas. Uma pessoa com uma mentalidade fixa tende a evitar desafios, teme o fracasso e resiste à aprendizagem e ao desenvolvimento. Isso pode limitar seu potencial de crescimento pessoal e profissional, impedindo-a de alcançar novos objetivos e superar obstáculos.

Além disso, uma mentalidade fixa pode dificultar a resiliência e a capacidade de lidar com adversidades, já que as pessoas tendem a interpretar o fracasso como uma indicação de falta de habilidade inata, em vez de uma oportunidade de aprendizado e de crescimento. Essa mentalidade também pode afetar negativamente os relacionamentos, pois pode levar as pessoas a se compararem constantemente umas com as outras e a se sentirem ameaçadas pelo sucesso alheio. A mentalidade fixa nos impede de alcançar nosso verdadeiro potencial e nos mantém estagnados, vivendo uma vida medíocre.

Já as pessoas de mentalidade de crescimento acreditam que o caminho do sucesso está em seu trabalho intenso e no seu esforço, que sua inteligência pode ser melhorada cada vez mais pela aprendizagem e pelo treinamento. Acreditam que têm a capacidade de se superarem progressivamente e encaram os desafios como oportunidades de aprendizado e de crescimento, em vez de se deixarem abater pelo fracasso. Compreendem que o sucesso muitas vezes requer tempo e esforço contínuo e estão dispostas a trabalhar arduamente para alcançá-lo.

Essas pessoas veem o conhecimento como uma jornada contínua e estão dispostas a se desafiar e sair de suas zonas de conforto para crescer pessoal e profissionalmente. Valorizam o *feedback* construtivo e o utilizam como uma ferramenta para melhorar, encarando a crítica como uma oportunidade para identificar áreas de melhoria e desenvolvimento. Além disso, possuem uma grande capacidade de empatia e compreensão, tanto consigo mesmas quanto com os outros.

Nossa mentalidade é moldada por uma variedade de influências ao longo de nossas vidas. Desde a infância, somos expostos a mensagens e a experiências que contribuem para a formação de nossa mentalidade, seja ela fixa ou de crescimento.

Reflita sobre como um bebê vem ao mundo. Eles ficam a todo momento projetando experiências e aprendendo sobre o mundo à sua volta. Eles são curiosos e vão ampliando suas habilidades diariamente, porque vão se superando o tempo todo. Imagine o que significa aceitar um dos maiores desafios da nossa vida, que é aprender a falar e a andar. É provável que, se isso fosse exigido de pessoas adultas com mentalidade fixa, estas teriam desistido e passariam o resto de suas vidas sentadas, sem andar e sem pronunciar uma palavra sequer. Mas, quando éramos crianças, caíamos, voltávamos a levantar novamente, e descobríamos como evitar cair em uma próxima vez, e continuávamos aprendendo, até que um dia surpreendemos a todos andando e conversando pela primeira vez e encantando os nossos pais.

Então, podemos nos perguntar agora, ao longo de nossa jornada: onde deixamos estacionadas a nossa capacidade de superação? Como foi que, aos poucos, fomos assumindo uma mentalidade fixa que não nos deixa atingir o nosso máximo potencial?

Nossos primeiros anos são especialmente cruciais, pois é nesse período que começamos a desenvolver nossas crenças sobre nossas próprias habilidades e capacidades. As interações com pais, professores e outros cuidadores desempenham um papel significativo nesse processo. *Feedbacks* positivos e encorajadores tendem a promover uma mentalidade de crescimento, enquanto críticas severas ou uma ênfase excessiva na inteligência inata podem levar a uma mentalidade fixa.

Além das influências externas, nossas próprias experiências também desempenham um papel importante na formação de nossa mentalidade. Sucessos e fracassos, desafios superados e obstáculos enfrentados contribuem para nossa visão de mundo e para nossas crenças sobre nossas próprias capacidades. Se enfrentamos dificuldades com resiliência e persistência, é mais provável que desenvolvamos uma mentalidade de crescimento. No entanto, se interpretarmos o fracasso como prova de nossa incompetência inata, é mais provável que adotemos uma mentalidade fixa.

Em resumo, nossa mentalidade é uma interação complexa entre influências externas e experiências pessoais ao longo da vida. Embora nossa mentalidade inicial possa ser influenciada por fatores externos, também podemos desenvolver e cultivar uma mentalidade de crescimento ao longo do tempo, por meio da reflexão, da prática e do desenvolvimento de habilidades de resiliência e autoconfiança.

Michael Jordan, considerado por muitos como o melhor jogador de basquete de todos os tempos, é um exemplo clássico de uma mentalidade de crescimento. Em uma das suas frases ele diz:

> Errei mais de 9.000 cestas e perdi quase 300 jogos. Em 26 diferentes finais de partidas fui encarregado de jogar a bola que venceria o jogo... e falhei. Eu tenho uma história repleta de falhas e fracassos em minha vida. E é exatamente por isso que sou um sucesso. (Errei..., [*s.d.*], *on-line*).

Acredite, ele não foi o melhor por acidente, Jordan tinha uma mentalidade de crescimento, acreditava que, por meio de trabalho e de muita dedicação, poderia melhorar o suficiente para se superar. Ele não teria alcançado o sucesso se não fosse pela superação de seus erros.

Outro exemplo inspirador de uma mentalidade de crescimento é Oprah Winfrey. A icônica apresentadora de TV norte-americana, empresária e filantropa, superou uma infância difícil e uma série de desafios pessoais para se tornar uma das mulheres mais influentes do mundo. Oprah sempre enfatizou a importância do aprendizado contínuo, do desenvolvimento pessoal e da busca pela excelência em todas as áreas da vida.

Se você observar as pessoas de sucesso que você conhece, você vai identificar que todas elas possuem uma mentalidade de crescimento, com desafios, superação e desenvolvimento contínuo.

Se você se identificou com a mentalidade fixa, não significa que você deve desistir. Você é a única pessoa que pode optar por outa mentalidade, você é a única pessoa que tem o poder de mudar o seu tipo de mentalidade.

Alterar uma mentalidade fixa para uma mentalidade de crescimento requer um compromisso consciente e contínuo consigo mesmo. O primeiro passo é reconhecer que a mentalidade fixa não é uma sentença definitiva, mas sim um padrão de pensamento que pode ser modificado. É importante estar aberto ao processo de mudança e estar disposto a desafiar as crenças enraizadas sobre suas próprias habilidades e capacidades.

Uma vez que você esteja pronto para começar essa jornada de transformação, é essencial cultivar a consciência de seus próprios pensamentos e padrões de comportamento. Observe as situações em que você tende a adotar uma mentalidade fixa e reflita sobre como você pode abordá-las de maneira diferente. Esteja atento aos momentos em que você se autolimita ou interpreta o fracasso como prova de sua incompetência inata.

Em seguida, comece a desafiar esses pensamentos e essas crenças negativas. Em vez de se concentrar nas limitações percebidas, concentre-se nas oportunidades de crescimento e aprendizado que cada desafio apresenta. Encare o fracasso como um passo necessário no caminho para o sucesso, e não como uma sentença de derrota. Lembre-se de que o erro é uma parte natural do processo de aprendizagem e que cada obstáculo superado o torna mais forte e mais resiliente.

Além disso, busque ativamente oportunidades de aprendizado e desenvolvimento. Esteja aberto para adquirir novas habilidades e conhecimentos, e não tema o desconforto que acompanha o crescimento pessoal. Experimente sair da sua zona de conforto e desafiar-se regularmente, pois é assim que o verdadeiro crescimento ocorre.

Imagine uma vida em que você aborda cada desafio com coragem e determinação, sabendo que cada obstáculo é uma oportunidade para crescer e aprender. Visualize-se alcançando seus objetivos mais audaciosos, impulsionado pela crença inabalável em seu próprio potencial. Essa é a promessa da mentalidade de crescimento: uma jornada de autodescoberta e de realização contínua.

Transforme sua mentalidade e desbloqueie seu verdadeiro potencial! Descubra como construir uma mentalidade de crescimento para alcançar novos patamares de sucesso e de realização pessoal. Desperte sua capacidade de aprender, crescer e superar desafios com confiança e determinação. Não deixe que uma mentalidade fixa limite suas conquistas. É hora de cultivar uma atitude de crescimento que o leve além de suas expectativas. Comece hoje mesmo e liberte-se para se tornar a melhor versão de si mesmo!

(Referências ao final do livro.)

Seja o autor da sua própria história e cultive uma mentalidade de crescimento. O poder de transformação está em suas mãos.

Pâmella Candido

RAQUEL PASQUA

Sou Raquel Pasqua e nasci em Campinas/SP, onde moro com minha família: meu marido Paulo, meus filhos Gabriel e Sarah e nossa cachorrinha Popy. Atuo de forma presencial e *on-line* em meu consultório.

Sempre fui apaixonada por movimento e saúde e escolhi a fisioterapia como missão de vida. Iniciei com RPG e pilates, até que, percebendo a influência da emoção nas dores dos pacientes, estudei a nova medicina germânica (NMG) e, recentemente, a radiestesia.

Uni todas as técnicas para criar o "Transforme a Dor pelo Movimento", um programa de tratamento integral, que entende a origem das suas dores, alinhado ao autoconhecimento e a movimentos simples para reprogramar sua mente e lhe possibilitar uma vida mais leve, sem dor.

draraquelpasqua.terapeuta

+55 (19) 99723-7996

raquelpffreitas@gmail.com

contato@draraquelpasqua.com.br

25 QUAL A RELAÇÃO ENTRE O CORPO E A MENTE NAS DORES E NOS SINTOMAS?

Por Raquel Pasqua

Quem nunca teve uma dor de cabeça forte após um longo dia de trabalho? Ou, então, quem nunca "travou as costas" no primeiro dia de férias? Até alguns anos atrás, podíamos achar que todas as nossas dores físicas apareciam ao acaso ou por excesso de esforço físico. Não entendíamos a relação do corpo com a mente nesses casos, mas a pandemia de covid-19 veio nos mostrar o quanto nosso corpo já coloca para fora, em forma de sintoma, tudo o que está em nossa mente: como um mesmo vírus causou sintomas diferentes em cada pessoa? Pois é, cada um é um... Uns tinham pneumonia, enquanto outros tinham dores nas costas, diabetes, perdiam olfato, paladar... E quem nem percebia os sintomas? Essa pandemia nos fez parar por um momento e olhar para dentro, para quem somos e como nos relacionamos com nossa família, dentro de casa, e também com o restante das pessoas com que convivíamos. Perceba que cada pessoa desenvolvia o sintoma de acordo com seus medos, sua forma de olhar a vida e os conflitos que vivia, pois não existia uma regra para estes, não é mesmo?

Espere... Como assim "conflitos", Raquel?

Desde 2019, meu olhar sobre as emoções e como elas influenciam nosso corpo começou a se ampliar, a partir do momento que conheci a nova medicina germânica (NMG).

Na década de 1980, o médico alemão Dr. Ryke G. Hamer desenvolveu um novo olhar sobre como nosso cérebro e nosso corpo reagem quando somos submetidos a um forte impacto emocional. O Dr. Hamer desenvolveu um câncer no testículo tempos depois de ter seu filho (Dirk Hamer) assassinado, mesmo sem ter antecedentes familiares dessa doença. O médico decidiu então estudar desde a formação do cérebro humano e como este se comportava diante de situações de grande estresse e descobriu que todo impacto emocional que vivemos cria como que uma lesão no nosso cérebro de acordo com o conflito vivido. Por exemplo: ao perder seu filho Dirk, a sensação de impotência em trazê-lo de volta gerou ao Dr. Hamer um marco no local do cérebro onde se localizam os testículos e, por esse órgão perder sua função real, proliferaram células que geraram o câncer. Assim, de acordo com cada conflito e cada órgão, teremos respostas diferentes de sintomas (Hamer, 2014; Peixoto, 2021, *on-line*).

A esse conhecimento ele deu o nome de "5 Leis Biológicas", um modelo científico que explica a origem, o desenvolvimento e o sentido das mudanças no organismo, com base em princípios biológicos. São elas:

- Lei Férrea do Câncer: toda doença é um programa arcaico de sobrevivência, e ela irá aparecer de acordo com a forma com que usamos o cérebro.
- Lei Bifásica da Doença: sistema de sono e vigília, simpático e parassimpático.
- Sistema Embrionário: cada tecido embrionário origina uma parte do cérebro e cada órgão reage de acordo com o local em que surgiu.
- Sistema das Bactérias: elas são importantes para nossa vida, seja como reconstrutores ou para limpar o organismo.
- Lei da Quintessência: toda doença existe para torná-lo mais forte (Hamer, 2014; Peixoto, 2021, *on-line*).

Imagine todo esse conhecimento me trazendo respostas que eu buscava desde que me formei na faculdade!

Eu já trabalhava com o pilates desde 2007, na época também com RPG, pois sempre gostei de terapias manuais, mas percebia que, para o tratamento de um mesmo sintoma em dois pacientes, eu utilizava exercícios e direcionamentos diferentes.

Em 2012, conheci a Fisioterapia Articular Analítica, baseada no Concept Sohier e desenvolvida pelo fisioterapeuta belga Raimund Sohier. Com ela aprendi que toda dor muscular decorria primeiramente de um desalinhamento articular, mas nada adiantava realinhar essa articulação com força, pois, de acordo com a Terceira Lei de Newton, quanto maior a força para corrigir a articulação, mais rápido ela irá voltar à posição em que estava. Essa foi a primeira vez que aprendi que o tratamento do meu paciente tem de ser leve e contínuo.

Mas ainda faltava o olhar sobre as emoções...

Quando finalmente conheci a nova medicina germânica (NMG), parecia que ali eu me sentia completa. Entendi então sobre os conflitos emocionais de base que meu paciente apresentava, de acordo com seu comportamento, e, descobrindo a origem desses conflitos, essa pessoa reduzia para quase zero suas dores. Junto a isso, ao adicionar os exercícios de pilates certos, que traduziam em movimento a ação que aquele paciente precisava tomar, de forma inconsciente em um primeiro momento, o paciente saía mais rápido dos ciclos de repetição de dor crônica. E um detalhe: conheci a medicina germânica através da reprogramação biomuscular (RBM), técnica criada pela fisioterapeuta Ana Beatriz Peixoto, que trabalha soltando as fáscias musculares para tratar a origem dos impactos emocionais... Não era coincidência ter esse conhecimento por meio do corpo, não é mesmo?

Quero dizer, com isso, que sempre busquei respostas para as dores físicas, mas só olhava o músculo, os ossos. Quando conheci a medicina germânica, consegui entender que, no corpo, expressamos todas as nossas dores emocionais, por isso ainda para quem não associa emoção e físico fica tão difícil achar respostas para as dores. Assim, não acredito que tenha sido coincidência, mas sim que encontrei a minha real missão, de auxiliar as pessoas usando o corpo como ferramenta.

Até o início de 2022, eu atuava com cada técnica separadamente – Fisio Analítica e RBM na maca e exercícios de pilates nos equipamentos de estúdio –, mas sentia que podia ainda ir além na entrega do que eu gostaria de oferecer para os pacientes. Comecei a falar sobre o olhar emocional para os alunos de pilates, mostrar alguns toques de liberação antes dos movimentos, usar a bolinha de painço no início das aulas... até que não conseguia mais atender de forma separada e uni todos os conhecimentos em cada atendimento, fossem eles de forma individual ou em grupo.

Assim, em março de 2023 nascia então o "Transforme a Dor pelo Movimento", um programa (*on-line* e presencial) que desenvolvi de aprendizado e tratamento das dores físicas e emocionais, no qual estudamos a origem dos sintomas, como estes se comportam no corpo e os tratamos com o pilates, seja alongando, soltando ou fortalecendo os músculos. Afinal, se a mente comanda o corpo, usar o corpo para reeducar nossa mente também é possível. Ele só precisa ser olhado com carinho e respeito, pois o processo de cura é individual.

O "Transforme a Dor pelo Movimento" nada mais é que o meu formato de atendimento, que eu uso no dia a dia do consultório, seja de forma individual ou em grupos de até 3 pessoas. Em cada sessão, entendo como a pessoa está naquele dia, o que os sintomas e o corpo estão querendo mostrar e aí temos o momento de "se mexer" para mudar essa história.

Já no formato *on-line* de atendimento temos o direcionamento, a tomada de consciência dos sintomas e a orientação com acompanhamento semanal dos exercícios – nesse caso não usamos apenas exercícios de pilates, mas o que for necessário para cada situação.

Tenho ainda o formato *on-line* de educação continuada do "Transforme a Dor pelo Movimento", tanto para qualquer pessoa que queira entender a origem de suas dores, por que ela apresenta determinado comportamento e exercícios simples para tratar em sua casa mesmo, como também uma comunidade de profissionais – um grupo de apoio e estudos sob minha supervisão, para todos os profissionais da saúde que, conhecendo ou não sobre a medicina germânica, desejem ter um espaço para aprendizado, trocas e discussão de casos clínicos.

Minha missão com esse projeto é que pacientes e profissionais da saúde possam ter acesso a esse conhecimento de forma prática e fácil, pois assim desenvolvemos consciência e autonomia sobre nossos pensamentos e ações, com responsabilidade pela nossa saúde.

Atualmente comecei os estudos de radiestesia e radiônica, pois somos todos feitos de energia e vibração e, por já entender que durante 95% do nosso tempo somos comandados pelo nosso inconsciente, algumas vezes é mais desafiador apenas entender (racionalmente) as alterações necessárias que precisamos fazer para mudar uma situação que desejamos. Reequilibramos nossas energias, rompemos vínculos energéticos e pactos familiares, direcionamos nossos pensamentos para o que realmente desejamos... Isso tem sido o complemento que faltava para meus pacientes se tornarem ainda mais bem cuidados.

Nesse período, já atendi diversos pacientes que tinham desde de "uma simples dor de cabeça", que começou após a entrega de um grande projeto em que a pessoa era responsável e, assim, sentiu como se tirassem um peso das suas costas, até profissionais que buscavam mudar de carreira, mas não tinham força para dar o primeiro passo. A maioria chega ao meu consultório por queixas físicas, afinal sou fisioterapeuta, mas quando conversamos na avaliação (e esta costuma durar em torno de duas horas) e mostro toda a interpretação emocional que está por trás dessa queixa, consigo dar uma luz para essa pessoa. Quando vamos então para a maca, aí é o momento em que a pessoa pode descansar e se entregar para seu processo, pois tudo é feito de forma acolhedora e leve.

Assistir e dar o suporte necessário para que cada um se liberte dos seus medos e das dores que o prendem (física e emocionalmente) é muito gratificante. Acompanho diretamente desde processos mais simples até processos que estão há várias gerações na família e que por medo ou necessidade de honra se mantêm. Mas, chega um certo momento em que não é mais necessário que essa dor perdure, afinal temos a chance de evoluir e curar nossos processos vivendo a nossa vida.

Então, preste atenção em você: toda dor vem como um alerta para olharmos para nós mesmos e nos tornarmos mais fortes em nossa trajetória, tudo o que vivemos faz parte disso. Se tivermos consciência de seu significado e do que essa dor veio nos ensinar, garanto-lhe que o processo será mais leve. Por isso, comece cuidando de seus pensamentos e suas emoções, para evitar doenças maiores no futuro, sua consciência será seu melhor remédio.

(Referências ao final do livro.)

Se a mente comanda o corpo, usá-lo para reeducar nossa mente também é possível. Ele só precisa de carinho, pois a cura é individual!

Raquel Pasqua

RICARDO ROBERTI

Aos olhos de quem me conhece, eu sou advogado, empreendedor, investidor, pecuarista, conselheiro empresarial, especialista em desenvolvimento pessoal e/ou gestor de pessoas, depende da condição e do momento da vida em que a pessoa me conheceu.

Hoje eu sei que o que me define não é **o que** eu faço, mas sim **quem** eu sou.

Meu nome é Ricardo Roberti, sou imagem e semelhança do Criador, casado com a mulher da minha vida, Cristiane Roberti, pai do filho dos meus sonhos, Manoel Roberti, provedor da minha família e com uma filosofia de vida de realização pessoal orientada para a prosperidade.

Acessar a minha identidade elevou-me para outro nível de missão: ajudar pessoas a descobrirem sua essência e a gerirem suas emoções para realização de seus objetivos.

ricardoroberti1

26 A EFICIÊNCIA EMOCIONAL: COMO SUPERAR O ESTRESSE E A ANSIEDADE

Por Ricardo Roberti

Sabe qual o significado, para mim, de estar escrevendo este capítulo? A colheita do que foi plantando lá atrás. Eu não vou negar que fiquei lisonjeado com o convite para participar desta bela obra e que logo fui perturbado pela ansiedade de como poderia entregar o meu melhor, porém não deixei isso prevalecer, porque sei que me tornaria improdutivo. Mas nem sempre foi assim.

Antes eu chegava a ficar agoniado ao ver as coisas acontecendo rapidamente e eu parecia não sair do lugar. E isso ficava ainda mais crônico pelo ritmo acelerado dessa era da conectividade, em que a informação flui sem parar, somos expostos a frequentes mudanças de tendências, as relações estão mais solúveis e as nossas emoções são testadas freneticamente, isso é um terreno fértil para o estresse e a ansiedade brotarem antes mesmo de você conseguir plantar a primeira semente.

As exigências da vida moderna parecem infinitas e muitas vezes permitimos ser tomados por significados externos, de forma passiva vivemos pressionados por uma interpretação do mundo real a partir de uma perspectiva de fora sobre o que devemos ser, fazer e quais padrões devemos atender, colocando-nos sob pressão na vida pessoal, social e profissional.

Com isso, muita gente está cada vez mais desconectada de seu propósito pessoal, a incerteza sobre aquilo que realmente vale a pena viver está afetando as nossas relações, a produtividade e a capacidade de encontrar prazer genuíno nas coisas simples da vida.

O estresse é considerado como um inimigo comum que, segundo a Organização Mundial da Saúde (OMS), afeta mais de 90% da população mundial e que pode levar a consequências extremas, como a morte. A ansiedade, por sua vez, leva as pessoas a viverem insatisfeitas, preocupadas com o futuro, um campo não palpável e no qual nada de concreto pode ser feito (Santana, 2012, *on-line*).

O estresse e a ansiedade frequentemente se entrelaçam, criando um ciclo que pode ser difícil de quebrar, não só afetando o estado emocional, como também causando sintomas que podem ser destrutivos na vida de uma pessoa.

A chave que eu usei para superar isso na minha vida é a que eu chamo de eficiência emocional.

Existem pessoas que têm o conhecimento das emoções, sabem que elas existem, outras estudam a inteligência emocional, os seus conceitos e a teoria. São poucas, no entanto, as pessoas que têm eficiência emocional, que é a sabedoria de aplicar e usar as habilidades das emoções nas áreas de sua vida.

Enquanto a inteligência emocional é "o ideal" almejado, percebida pelo equilíbrio harmonioso da capacidade de reconhecer, entender e gerenciar as suas próprias emoções e a dos outros, a eficiência emocional, embora baseada em princípios semelhantes da inteligência emocional, é a "vida real", ou seja, a capacidade de aplicação prática dessas habilidades no cotidiano, em situações específicas e de maneira efetiva.

Para ser eficiente, é preciso pensar em termos de calibragem, em vez de buscar o equilíbrio. Explico com um exemplo: imagine uma pessoa que é muito ansiosa, viciada em açúcar, está com sobrepeso, tem dívidas para pagar e seu casamento está desgastado. O quão difícil é para essa pessoa transformar esse cenário em uma situação de bem-estar?

Ela não vê saída para 1 (um) problema, imagine resolver todos de uma só vez! Por isso, conseguir o equilíbrio emocional parece algo inatingível para muita gente.

É necessário primeiro calibrar a mira para resolver aquilo que é mais urgente e, ao experimentar um resultado prático positivo nessa área, a sua mente vai dar o primeiro passo para sair de um processo de completa alienação e começar a gerar tração para resolver o próximo problema.

Urgente é aquilo que faz você se enxergar como vítima e, por isso, hoje você está entregando os pontos. Por exemplo, eu achava que era vítima do cigarro porque meus pais fumavam, por isso comecei a fumar e pensava nisso como uma dependência química (como todo mundo dizia) e, assim, era muito difícil me livrar desse vício. Até o dia em que eu percebi que tudo isso era "desculpinha" que eu contava para mim mesmo e que, na verdade, fumar é um hábito nojento que eu deixei impregnar a minha vida.

Pare um pouco a leitura e pense: em qual situação da sua vida você se enxerga como vítima? Por que não nasceu em uma família estruturada? Por que não estudou em uma boa escola? Por que ninguém lhe dá uma chance? Por que não encontra ninguém bom para casar? Por que não tem sorte? Escreva a sua "desculpinha" agora mesmo!

Para ter eficácia, muitas vezes é preciso sair do padrão comum do pensamento. As emoções representam uma energia natural que não pode ser evitada, ela precisa ser convertida e aplicada para aquilo que você quer, fazendo o uso produtivo das emoções, em vez de as ficar retendo dentro de você até apodrecerem.

Calibre as suas emoções de forma intencional e chegue ao objetivo que você quer.

A psicóloga Kelly McGonigal, da Universidade de Stanford, desafia a percepção convencional de que o estresse é prejudicial, demonstrando que, na verdade, pode ser benéfico de acordo como pensamos e reagimos a ele (Kelly..., 2013, *on-line*).

Ela apresenta evidências de que o estresse pode melhorar a performance, motivar as pessoas, fortalecer o aprendizado e a memória, se o usarmos a nosso favor, como uma oportunidade para o crescimento pessoal e resolução de problemas.

Segundo a psicóloga, pesquisas demonstraram que as chances de morrer aumentam em 43% para aquelas pessoas que acreditavam que o estresse é prejudicial para a saúde, em relação às pessoas que tinham estresse, mesmo que em alto nível, mas não acreditavam que ele fosse prejudicial para a saúde.

Ou seja, a morte que descrevem como por estresse não é o estresse em si, mas a crença de que o estresse é prejudicial para a saúde.

Analisando de forma prática, o estresse promove uma série de mudanças naturais no organismo, que prepara o corpo para uma ação rápida e efetiva, a nosso favor, com foco e determinação, especialmente sob pressão, pois aumenta a frequência cardíaca, a pressão arterial, liberando energia por meio de açúcar e gordura no sangue, bem como promovendo a liberação de hormônios como cortisol e adrenalina.

Ocorre que a maioria das pessoas já tem uma crença instalada na sua mente de que o estresse é um inimigo prejudicial à saúde, e, em vez de converter essa energia e liberá-la de forma produtiva, deixa acumulá-la por muito tempo, de modo a desencadear consequências negativas para diversas áreas da vida, afetando a sua saúde, relações pessoais e produtividade.

A situação fica ainda mais perigosa quando as pessoas fazem do estresse uma válvula de escape que as leva para hábitos destrutivos, como fumar, viciar-se no uso de telas, comer compulsivamente etc.

O problema não é o que o estresse faz com você, mas sim o que você faz com o estresse.

A ineficiência em resolver um problema específico coloca a pessoa em estado de fuga do presente, transportando-a para uma vida de condição futura. A ansiedade é desencadeada por excesso de preocupação e um estado em que a pessoa permanece a maior parte do tempo pensando mais no futuro do que no presente.

Tão prejudicial quanto o excesso de passado (depressão) é o excesso de futuro (ansiedade).

Há milhares de anos já existia um ensinamento que parece pouco compreendido, ou pelo menos pouco aplicado até os dias de hoje. O Evangelho nos questiona: "Quem de nós, por mais que se preocupe, pode acrescentar uma hora que seja à nossa vida?" (Lucas 12:25-26).

E ainda nos ensina: "Não se preocupe com o amanhã, pois o amanhã trará as suas próprias preocupações. Basta a cada dia o seu próprio mal." (Mateus 6:34).

O que podemos extrair disso?

Que se preocupar é inútil e não poderá prolongar a sua vida. Isso não significa que não devemos planejar o futuro, mas trata sobre a inquietação com relação a ele.

Em vez disso, devemos nos concentrar nos desafios do presente.

E por que o futuro é tão cativante? Porque ele serve como resposta para quem está sendo improdutivo no agora. O futuro é um presente imaginado, uma projeção da mente, assim ele oferece uma perspectiva satisfatória e busca algum tipo de realização lá na frente.

As pessoas pensam: "Um dia, quando isso ou aquilo acontecer, vou ficar bem, vou ser feliz, vou estar realizado".

O futuro contém uma promessa de salvação e de realização, mas, assim como o passado, ele é um campo inabitável, você não pode avançar no tempo.

A importância de seu planejamento está extrinsecamente ligada aos aspectos práticos da vida, ou seja, é uma expressão do seu presente. Se você não apresenta resultado agora, o futuro vai ser apenas uma ilusão e motivo de ansiedade.

Para lidar com essa condição prevalente, faz-se necessário um enfrentamento eficiente e com ações proativas. No lugar de encarar a ansiedade como um obstáculo, você deve entendê-la como um indicativo de que algo significativo está em jogo e que é uma oportunidade de você desenvolver resiliência e ações aqui no presente que vão colocá-lo em um lugar superior às preocupações e levá-lo para o resultado futuro que você almeja.

Chegou a sua vez. Eu vou lhe dar três tarefas simples para você já começar a transformar o estresse e a ansiedade em energia positiva para a ação.

1) Identificação imediata: escreva o principal problema que está causando seu estresse ou ansiedade agora. Seja específico. Por exemplo: "Estou estressado porque tenho muito trabalho para fazer e prazos apertados."

2) Solução prática: imediatamente após identificar o problema, divida-o em três pequenas ações que você pode realizar nas próximas 24 horas para aliviar a pressão. Por exemplo: 1) listar as tarefas pendentes; 2) escolher e completar uma tarefa que possa ser feita rapidamente; 3) delegar uma tarefa menos importante.

3) Seja eficiente: não procrastine, escolha uma das pequenas ações listadas e execute-a agora. Sim, agora mesmo. Após completar, reserve um momento para refletir como se sente em relação ao problema inicial. Anote qualquer mudança em sua percepção ou nível de ansiedade. É muito importante você se sentir recompensado por seus microrresultados.

A sua mente precisa sair do modo automático de resposta ao estresse e à ansiedade, decida hoje sair desse ritmo de alienação com a sua vida e seja intencional para dominar as suas emoções e ter uma vida realizada.

(Referências ao final do livro.)

O estresse e a ansiedade são naturais. Bizarro é você ficar refém deles em vez de canalizar essa energia e aplicá-la nos seus objetivos.

Ricardo Roberti

THAYSE LIMA COSTA

Poderia começar este texto com uma breve apresentação, falando sobre minha carreira, sobre empreendedorismo e *marketing* digital. Mas não é isso que me torna quem sou.

Sou vencedora. Venci a depressão, venci a síndrome do pânico, venci aquela vozinha que dizia que a morte era a melhor solução aos meus 16 anos, venci os rótulos que me foram impostos, não apenas venci, mas sobrevivi. Sobrevivi a uma infância turbulenta e com violências, cujos registros e cujas cicatrizes ainda carrego. Essas foram minhas desgraças, mas foi isso que me tornou quem sou.

Sou Thayse Lima Costa e tenho 26 anos. Sou apaixonada pela mente humana, pelo comportamento, por entender tudo aquilo que nos faz humanos. Sou graduada pela faculdade da vida. Descobri no *marketing* uma forma de transformar vidas.

thayselimacosta

27 LIDANDO COM O FRACASSO E A ADVERSIDADE

Por Thayse Lima Costa

Sempre existirão histórias mais desafiadoras que a nossa. Desde que o mundo é mundo, há pessoas que passaram por situações inimagináveis e nos fazem questionar: "Como essa pessoa pôde suportar isso?". São histórias como as de Antron McCray, Kevin Richardson, Dawn Watson, Chris Gardner, Albert Einstein, Marcos Rossi, Viktor E. Frankl, entre tantos outros.

Uma coisa é certa nesta jornada chamada vida: sempre passaremos por momentos de casulo, aquele instante doloroso, que foge ao nosso controle e nos transforma para sempre. A questão é que, muitas vezes, o desfecho dessa transformação não ocorre como esperado. Permitimos que a raiva, a frustração, a mágoa e a inaceitação cerquem nossos corações, prendendo-nos a toda dor e sentimentos, impedindo que aprendizados possam ser extraídos da situação. Apegamo-nos a esse momento, paralisamos no tempo, agarrados a circunstâncias e pessoas que nos feriram, mantendo a ferida aberta e cutucando-a de tempos em tempos para que sangre novamente.

E eu sei que nada disso é fácil. Seria hipocrisia minha dizer que é fácil mudar nossa forma de pensar e encarar tais situações. Na realidade, não é fácil, mas é simples. Precisamos aprender a ressignificar os acontecimentos em nossas vidas, treinar nossa mente para enxergar de diferentes perspectivas. Não podemos controlar o que nos acontece, mas podemos controlar como reagimos a isso. Essa é a nossa única alternativa.

Durante anos da minha vida, fiz exatamente o contrário. Agarrei-me ao meu passado, às minhas dores, às palavras e aos rótulos que foram atribuídos a uma garotinha, apenas uma criança. Palavras que tiveram um impacto gigantesco nas escolhas que essa menina faria mais à frente. Aos meus 12 anos, ao sofrer um assédio de um dos pedreiros que trabalhavam em minha casa, assustada, busquei auxílio das pessoas que até hoje são meu porto seguro, meu refúgio. Até então, não sabia o que significava a sabedoria e a força necessárias para ser mulher. Não tinha ideia de como, por pertencer a um determinado sexo, isso faz com que a maioria das pessoas infelizmente já possua um rótulo definido para você. E o que ouvi foram aquelas palavras que começavam com V e terminavam com DA. E eu sei que você, mulher, já deve ter escutado. O fato é que isso não é novidade, não fui a primeira e nem serei a última pessoa a ser culpada por um abuso, uma violência contra mim mesma. Mas, para uma criança que está formando seu caráter, sua personalidade, sua autoimagem, suas crenças, isso foi como uma queda no fundo do poço. Passei a acreditar que era merecedora das coisas ruins que haviam acontecido comigo e, de certa forma, buscava mais situações externas para reforçar esse pensamento. Agarrada à raiva, à tristeza, queria vingança, queria provar o peso daqueles rótulos. Então, passei toda a adolescência tentando "provar" ao outro o peso de suas palavras, até o ponto em que esqueci o porquê fazia isso. Tornou-se um hábito e nunca provei nada a ninguém, apenas perdi o respeito por mim mesma e pela minha vida. Se hoje compartilho minha história, é porque Deus me segurou aqui, pois por mim já não estaria viva.

E o que quero dizer ao compartilhar minha história é mostrar como é importante aprendermos a vencer nossos fracassos e nossas adversidades, pois eles fazem parte da vida. E se você se deixar dominar por eles, vai rapidamente experimentar o fundo do poço, contaminar-se com pensamentos negativos e destrutivos. Se hoje é exatamente aí onde se encontra, tenho boas notícias: com todo o respeito, mas esse é o melhor lugar para se estar. Só resta apenas uma alternativa, que é subir.

Precisei encarar de frente minhas feridas e deixá-las sangrar. Aprendi que só conseguiria fazer isso sozinha. Mesmo que existissem pessoas ao meu redor para me ajudar, jogando cordas para sair desse buraco, apenas eu poderia agarrar e subir, ninguém mais o faria.

Precisei aceitar os fatos, precisei encarar que minha família me deu tudo o que podia e o melhor que possuíam, mesmo que não tenha sido tão bom. Comecei a perceber que todos cometemos erros, entendi o poder do perdão não apenas para o outro, mas principalmente para mim. Poder me limpar de toda a raiva e culpa atribuída que me consumia durante anos.

Você não recebeu um manual de instruções da vida. Está aqui justamente para aprender. Os erros, os tombos, fazem parte da trajetória. E quanto mais você cai, mais descobre o seu poder. Você não sabe o quão forte é, até que sua única alternativa seja ser forte. Situações, adversidades, fracassos são ferramentas para que você se descubra, se reconheça, supere suas "limitações". E é essa a mentalidade que precisamos ter para evoluir. Sair desse ciclo de autosabotagem, onde ficamos agarrados sempre aos mesmos problemas, às mesmas situações, ao passado, aos erros, punindo a nós mesmos. É sobre aprender a olhar as situações de fora, procurar novas alternativas para mudar a rota dos pensamentos, aprender a olhar com outros olhos, isso é treinável. No início, você pode resistir, por sua mente estar tão acostumada ao fracasso, que é inconcebível enxergar o mundo com outros olhos, ver um lado positivo nas coisas ruins, ser mais resiliente. Mas é justamente esses pensamentos que o impedem de viver.

Já pensou se Albert Einstein tivesse desistido após seus "fracassos"? Já pensou se Thomas Edison tivesse desistido? A luz que temos hoje poderia não existir. E se Marie Curie tivesse desistido? Não teríamos técnicas de radioterapia para o tratamento do câncer.

Sabe qual a diferença entre essas grandes personalidades que possuem histórias de superação e você? Elas apenas descobriram sua força interior. Todas passaram por adversidades, fracassos, erros, falharam, ouviram rótulos, foram desacreditadas, mas nunca desistiram e, conforme seguiram, descobriram sua força interior. Você está hoje no início desse processo, pode estar agarrado à dor, pensando em desistir. Mas o que o separa dessas pessoas é apenas uma escolha. Escolher pensar diferente. Escolher não aceitar sua realidade. Escolher mudar seus resultados.

Faça um pacto consigo mesmo, nunca mais permita que as adversidades da vida definam quem você é, que elas definam sua capacidade. A partir de hoje, é você quem vai definir quem será, quais serão seus sonhos, suas qualidades. Vai tornar sua mente e seu coração ensináveis, buscando aprender com toda e qualquer adversidade. O mundo tornou-se um lugar sombrio, porque pessoas como você se calaram por medo, desistiram, por não acreditar em si mesmas, por ouvir conselhos e rótulos errados. Não faça mais isso consigo mesmo.

Tudo o que faz hoje, seus pensamentos e seus resultados, vem por meio de quem você é: pelo que assiste, escuta, pensa, tornam-se crenças que ditarão seus comportamentos e trarão seus resultados hoje. A lei para uma mudança é atuar no início dessa cadeia, mudando seus estímulos externos/internos e internalizando em sua mente novos pensamentos.

Você conhece a Oprah Winfrey, não é mesmo? Ela fala: "O que você realmente quer? Cada escolha que você faz, leva você em direção àquilo que diz. Essa é a razão pela qual muitas pessoas estão vivendo o caos em suas vidas, por que estão vivendo o caos em suas mentes." (Dr. Aisha..., 2024, *on-line*).

A verdadeira mudança não vem sem esforço. Requer coragem para olhar para dentro de si mesmo e reconhecer as áreas em que precisamos evoluir. Muitas vezes, estamos tão acostumados com nossos padrões e hábitos familiares que resistimos à ideia de mudança. No entanto, é nesse momento de desconforto que a verdadeira transformação começa.

Cada fracasso, cada obstáculo, é uma oportunidade disfarçada para aprender e crescer. Oprah, em sua jornada de vida, enfrentou inúmeros desafios e contratempos. No entanto, em vez de serem obstáculos intransponíveis, ela os viu como degraus para o sucesso. Cada revés a empurrou para mais perto de sua visão e a ajudou a se tornar a mulher poderosa que é hoje.

Devemos adotar essa mesma mentalidade resiliente em nossas próprias vidas. Em vez de temer o fracasso, devemos abraçá-lo como parte do processo de crescimento. Cada falha nos ensina algo novo sobre nós mesmos e nos oferece a oportunidade de nos reinventarmos de maneiras que nunca pensamos ser possíveis.

Liberte-se das amarras do passado e abrace a mudança com os braços abertos. Você tem o poder de se tornar quem quiser ser, mas isso requer coragem, determinação e uma disposição para se reinventar. Então, vá em frente, ouse sonhar grande e permita-se ser transformado pelo poder da mudança. O futuro está esperando por você.

(Referências ao final do livro.)

Adversidades e fracassos são ferramentas para que você se descubra e supere suas limitações.

Thayse Lima Costa

VIVIANE OLIVEIRA

Sou terapeuta especializada em Psicossomática Contemporânea, Psicologia Positiva, Neurociência e *Mindfulness* pela Pontifícia Universidade Católica do Paraná (PUC-PR). Também sou instrutora internacional em ZhiNengQiGong e em ThetaHealing®, consteladora familiar, hipnoterapeuta, instrutora de Medicina Tradicional Chinesa, taróloga junguiana, *healing hander* e mentora em Meditação e Autoconhecimento.

Criei o Cultivo Interno®, sistema transdisciplinar baseado no indivíduo como um ser integral cocriador de sua própria existência, que promove a prática do desenvolvimento emocional, o autoconhecimento e a saúde integral para a sociedade, por meio de terapias, vivências, aulas corporais, *workshops* e cursos.

Para saber mais, acesse meu Instagram, a Comunidade Viviane Oliveira e o meu canal no Youtube.

cultivointerno

cultivointerno

DNA DA MENTALIDADE

28 O EQUILÍBRIO ENTRE O TRABALHO E A VIDA PESSOAL

Por Viviane Oliveira

Um caminho para a vida plena

Estava com 28 anos, casada, e minha filha Giovanna estava com 2 anos de idade. Deixá-la em uma creche e retomar a minha profissão era algo urgente. Havíamos iniciado a nossa vida em família de maneira repentina e sem ajuda, nossas famílias de origem estavam vivendo as crises econômicas dos anos 1990.

Percorremos o caminho possível diante de tantos desafios. Um jovem casal com sonhos a realizar, em busca de uma vida próspera. Mesmo com as dificuldades, decidimos que eu ficaria o máximo possível com minha filha para desenvolvê-la emocionalmente e, para isso, o cinto estava demasiado apertado. Tentávamos equilibrar as contas com um único salário de nível técnico do meu marido. O mercado "não estava para peixes" e, mesmo com um excelente preparo, não havia vaga de engenheiro disponível.

Quando nossa filha completou 1 anos e 11 meses, surgiu uma oportunidade e retornei ao mercado, dando início a uma promissora carreira em Design Gráfico. Como o salário inicial era muito baixo, não tive outra opção senão fazer horas extras para aumentar um pouco os ganhos. Confesso que deixar minha pequena Gigi aos cuidados de uma creche por longas horas partiu meu coração em mil pedacinhos, mas naquele momento precisava ser forte e suportar a dor para construir um caminho possível para ela.

A vida tornou-se desafiadora. Estava tão estressada e consumida pelo trabalho que, em pouco tempo, minhas dores emocionais e minha culpa se converteram em uma enorme rigidez, que me paralisou. A falta de tempo para entender ou sentir o que de fato estava ocorrendo comigo me adoeceu.

Fui diagnosticada com lesão por esforço repetitivo (LER) e, pouco tempo depois, não conseguia mais carregar minha filha, dirigir, nem mesmo trabalhar com a mesma desenvoltura. Estava cada vez mais ansiosa e triste. Desenganada, após um ano de tratamento e riscos reais de ser demitida, encontrei um caminho que me levou à compreensão de como alcançar a plenitude da vida. Dei início ao meu cultivo interno, em meio aos excessos da vida contemporânea.

Dizem que o caminho surge quando iniciamos a caminhada, e esse é o primeiro passo. Se você tiver coragem para se erguer da sua vida cotidiana em busca das repostas às suas dores e prosseguir lendo, asseguro-o de que encontrará dicas valiosas para a plenitude desejada

Vou compartilhar com você o que descobri e sugiro que você não perca estas palavras de vista. Busque memorizá-las e organize seu caminhar a partir delas.

Nas sociedades orientais, as medicinas tradicionais desenvolvidas com base na visão integrada da vida compreendem que a saúde é o centro da vida e que, para obtê-la em sua plenitude, é preciso um equilíbrio e uma harmonia entre todas as áreas que manifestam a vida humana. Em resumo, a vida é muito mais que levantar de sol a sol e realizar o seu trabalho.

O que suporta a vida é a harmonia, sem harmonia é impossível seguir em frente. Descobri que os excessos que cometemos cobram um preço alto cedo ou tarde e que para viver a plenitude da vida é preciso estar inteiro.

As áreas da vida são estudadas em diversas culturas e, desde os primórdios da China Antiga, a filosofia taoísta vê a criação de tudo que existe com base em oito mutações, representadas como um diagrama octogonal, que possui um trigrama situado em cada lado. O trigrama representa as oito combinações possíveis das energias *yin* e *yang* (origem da vida).

As áreas da vida são: trabalho ou carreira; espiritualidade, conhecimento ou sabedoria; família; prosperidade; sucesso; relacionamentos; criatividade; amigos; lazer ou viagens; e saúde – assim, elas constituem o tao, a união dos opostos no centro do octógono. (Wilhelm, 2005).

Após um ano de contratura muscular, medicação, peregrinação em ortopedistas, fisioterapeutas, orações e súplicas para vencer a falta de força em meus braços e mãos, saí em busca de caminhos alternativos, já que a ciência ainda não via cura para a LER. Por indicação de um fisioterapeuta, fui em busca de acupuntura. Sabia que teria de enfrentar o temível medo das agulhas, mas não me restavam alternativas.

Tive a sorte de encontrar uma terapeuta da Medicina Tradicional Chinesa (MTC) e psicóloga, que pôde me ajudar a, gradativamente, aceitar as agulhas. Em meio ao caos que se instalou em minha vida atribulada, minha acupunturista falava-me do poder das emoções e o quanto elas poderiam fazer adoecer e impedir a saúde do corpo.

Após um mês de tratamento, eu retomei a força nas mãos e ela me sugeriu que eu não parasse, pois os excessos da minha vida iriam me levar a desarmonias graves. Ainda temerosa com as agulhas, pedi a ela uma sugestão de atividade que me permitisse ter os mesmos resultados. Foi-me sugerido uma potente prática corporal da MTC que é utilizada para a cura de doenças graves e manutenção da saúde na China.

Ali me reencontrei, as práticas corporais chinesas finalmente me permitiram tomar posse de quem sou. Sim, eu estive perdida em meio aos excessos da vida *workaholic*, vivendo no *modus operandi* de autoconsumo, acreditando que, quanto mais me esforçasse, mais poderia alcançar o sucesso e os recursos necessários para uma vida segura e independente financeiramente. Basicamente, precisando dar a minha vida para ter vida.

Quem me vê hoje, crê que sempre fui a pessoa calma que me tornei, mas aos 33 anos havia assumido um ritmo de vida frenético para sobreviver. Estava completamente desconectada do meu corpo e da minha mente. Minha cabeça era uma montanha-russa de pensamentos incessantes. Aquele estado mental teria me impedido de viver os melhores anos de minha vida se eu não tivesse sido paralisada pela LER. A doença me salvou, literalmente, caso contrário eu teria deixado a vida escorrer entre os dedos.

A segurança que desejava conquistar para dar escolhas e oportunidades à minha filha seria fragilizada pelo meu excesso e minha consequente desarmonia. Quando nos tornamos mães, queremos ser o tempo todo fortes, invencíveis para garantir a segurança de nossos filhos. Esse amor é tão forte que pode nos tornar irracionais.

Costumo dizer aos meus clientes de Cultivo Interno® que tudo nos serve para o bem ou para o mal. Encontrei em meu adoecimento um caminho de cura e saúde para mim, minha filha e muitas outras pessoas que chegaram até mim nestes 30 anos de estudos constantes e cultivo interno pessoal.

Encontrei e mergulhei profundamente no centro da vida, um local que hoje visito com frequência por meio das meditações de Cultivo Interno®. Na visão filosófica taoísta, o centro da vida recebe o nome de *Tantien* ou *Dāntián* 丹田, que significa "caldeirão alquímico", em que podemos alquimizar as emoções negativas e transformá-las em insumos para a vida. O centro integra as duas forças primordiais e complementares *yin* e *yang* que, em harmonia, convergem para manifestar a vida em equilíbrio. *Yin* em sua potência feminina sustenta, acolhe a produção da materialidade, a capacidade de gerar matéria e recursos que promovam a materialidade de projetos, sonhos e a vida. *Yang*, em sua expansão na frequência masculina, sustenta a energia espiritual que fecunda a vida e que nutre com novos *insights* de inovação a vida expressada (Wang, [*s.d.*]).

De maneira simplista, trarei um pouco sobre essa visão que hoje estrutura o modo de vida de quem tem domínio de seu cultivo interno.

Mal sabia o que ainda descobriria em minha jornada, meu caminho foi se revelando de maneira potente, assim como a satisfação de voltar a ser quem vim ser. Hoje olho para trás e agradeço à LER – que intimamente e amorosamente chamo de Liberações para Escolhas Reais.

Os resultados chegaram tão rápido que me impulsionaram para frente, fui promovida no trabalho, comprei meu apartamento com o novo salário, nada me impedia de ir em direção da realização que sonhava. As coisas fluíam e gradativamente ia dando limite às relações pessoais e profissionais, sentindo-me realmente fortalecida. Consegui encontrar modos de estar com minha filha de maneira presente. Após dois anos de prática constante, mudamos para a nova casa, voltei a estudar para entender o poder das emoções, consegui encontrar tempo para me alegrar e aos poucos fui reconhecendo um novo caminho de vida. As ideias surgiam, ganhavam corpo e fluíam em direção à concretização. Meditava cinco vezes ao dia e praticava sempre que possível. Encontrei um novo estado mental, uma maneira tranquila e pacificada de olhar a vida. Encontrei a paz. Tornei-me sensível às mudanças das estações e passei a desejar estar mais em natureza, sentia-me realmente integrada, algo novo para mim. Pude ver a beleza em tudo, até nos insetos que tanto temia.

Aprendi ao longo da jornada que é preciso respeitar os ciclos naturais da vida e saber expandir e recolher a energia seguindo o fluxo. Para alinhar-me ao fluxo de vida, fui em busca de mim mesma sem perder o meu "centro da vida" de vista. A cada novo curso, uma nova conquista e oportunidades profissionais levaram-me a outros patamares de conhecimento.

Hoje, analisando cada passo de realização plena que obtive, posso ver que todas as áreas da vida estavam nutridas. Para cada uma desejei, desenhei e determinei metas a curto, médio e longo prazo. Olhei para todas no detalhe e pude vivê-las plenamente. Ainda continuo imersa em meu Cultivo Interno® e todo ano revejo as metas das áreas da vida para atualizá-las.

Por isso, desenvolvi um método onde ensino como fazer esse caminho, mas antes liberamos os padrões sistêmicos que impedem a vida plena. Tenho observado muitas transformações e curas profundas. O caminho de forma consciente permite a tomada de melhores escolhas. É uma constante contração, reconexão e expansão do ser e de quem viemos ser.

Hoje, cumpro minha missão dando caminhos a quem chega. Sempre temos escolhas, podemos adoecer e nos apegar à dor ou buscar caminhos para a plenitude.

As escolhas definem o destino.

E você? Já sabe o que está escolhendo?

(Referências ao final do livro.)

As escolhas definem o destino.

Viviane Oliveira

YARA NEVES

Sou Yara Neves, tenho 37 anos, sou casada e tenho um filho. Atuando com treinamento físico, percebi que meu trabalho ia muito além. Timidamente, comecei a criar mentorias e consultorias para pessoas que desejavam impulsionar decisões profissionais, pois conhecia algumas pessoas nessa área.

Precisava de mais conhecimento, então fiz uma especialização em Neurociência e Comportamento e uma certificação em Inteligência Emocional pela Pontifícia Universidade do Rio Grande do Sul (PUC-RS). Comecei a atuar com palestras que traziam temáticas como mentalidade e empreendedorismo. Também iniciamos um processo de capacitação e certificação em nossa empresa pelo qual nossos alunos podem atuar no mercado de trabalho como massoterapeutas.

Incluo todas as possibilidades que atenderem meu propósito de servir. Eis-me aqui, escrevendo para você.

DNA

29 A MENTALIDADE EMPREENDEDORA

Por Yara Neves

Em minha atuação como mentora e palestrante, o que mais percebo é a dificuldade de passar pelo processo de empreender.

As pessoas têm alguma dificuldade em começar o próprio negócio, e mesmo que procrastinem ou demorem para começar, em algum momento a dor pela falta de dinheiro, liberdade e reconhecimento falará mais alto e finalmente o processo de empreender começará.

Eu sempre empreendi, mas fui entender isso muito mais tarde. Enfrentei batalhas pessoais muito fortes, em que me livrei de crenças impostas e bloqueios adquiridos por mim por meio das minhas escolhas. Somos altamente influenciados pelo ambiente e eu precisava urgentemente descobrir o que mudar para evoluir.

Quando descobri sobre o que hoje chamo de os quatro pilares da mentalidade empreendedora, minha vida prosperou em muitos setores, não apenas financeiramente, mas trouxe a leveza das relações que estabeleço em que posso transparecer características positivas e aceitar o que ainda não está legal, trouxe também a maternidade e prioridades em minha vida como família, trouxe o reconhecimento profissional que sempre busquei (e continuo buscando) e a força daquilo que faço melhor, que é comunicar conhecimento, além de ajudar a construir meus propósitos, que incluem servir sempre.

Então, quero a partir de agora colocar para você de forma prática os quatro pilares que aplico consistentemente com meus clientes de mentorias e palestras e que, com certeza, o ajudarão a iniciar esse processo em você.

Sempre que iniciamos uma nova etapa na vida, é muito comum sentirmos medo, insegurança, desconfiança, falta de competência e autojulgamento equivocado. Para empreender não é diferente. Por isso, nosso primeiro pilar chama-se **julgamento**.

Julgamento, de acordo com o dicionário, significa capacidade de avaliar, analisar ações. Danny Penman, no livro Atenção plena: *mindfulness* (2015), relata que essa capacidade de julgar sentimentos permite que estes sejam identificados como nocivos antes de ganhar força e causar um mal maior como estresse, irritação e frustração. Isso quer dizer que julgar é uma capacidade inerente ao ser humano e pode ser utilizada de maneira assertiva, porém quando a utilizamos para nos julgar incapazes, isso nos impede de seguir adiante.

Em um estudo realizado por Robert Kleck (Kleck; Strenta, 1980, *on-line*), pessoas eram convidadas a fazer uma cicatriz no rosto falsa e passar por uma acareação. Sem que o participante percebesse, antes de começar o experimento a cicatriz era retirada do rosto e depois esse mesmo indivíduo era entrevistado sobre o que sentiu quando foi observado com a suposta cicatriz. Os relatos eram sobre constrangimento, olhares de julgamento e fixos na cicatriz, olhares de nojo e repulsa. E a grande pergunta é: por que mesmo sem a cicatriz, e mesmo que o observador nunca tivesse visto o participante com a cicatriz falsa, este ainda se sentia excluído?

As sensações e sentimentos buscam associações em nosso cérebro e, como muitas vezes aprendemos determinado hábito, replicamos com facilidade. Lembra-se de que falei sobre curarmos nossas feridas e nossos bloqueios? Por isso é tão importante buscarmos por meio do autoconhecimento nossas dificuldades, nossas dores, nossos bloqueios e entender o porquê de determinados sentimentos negativos. A partir daí, podemos sim evitar um mal maior, podemos trilhar um caminho com mais liberdade de julgamentos que nos afetam e impedem de alcançar novas possibilidades.

Tudo que um empreendedor faz é correr riscos apostando diariamente em seu sonho. Um sonho nasce de valores, crenças, influências e carrega em si só muitas expectativas. Como em todas as situações na vida, há momentos de turbulência em que é necessário domínio de sentimentos e emoções para lidar com as adversidades. É a partir da melhora do seu ambiente e das percepções que você, como empreendedor, entrega a mensagem do seu produto/serviço e entende o propósito do seu trabalho.

Sendo assim, nosso segundo pilar é o **merecimento**. Você concorda que, se eu faço julgamentos equivocados, eu também perco minha percepção de merecimento? Quantas pessoas utilizam no seu dia a dia "Isso não é para mim", "Não mereço", "Isso não dá para mim"?! Merecer, de acordo com o dicionário, significa "aquilo que torna alguém ou algo digno ou passível de receber prêmio ou castigo" (Merecimento..., [s.d.], *on-line*).

É de acordo com a forma como você percebe e enxerga as possibilidades que seu merecimento será ativado ou não. Altamente influenciada pelo ambiente, sua mentalidade é reflexo do seu merecimento.

Eu mereço reconhecimento porque sirvo da melhor forma, curo dores reais por meio do meu produto/serviço e transmito a mensagem de que meu cliente precisa, então colho resultados exponenciais. Como pensar assim se o autojulgamento é equivocado?

Além de processos terapêuticos já validados, existem soluções práticas no dia a dia para melhorar o autojulgamento e ativar seu merecimento, como cercar o ambiente de informações relevantes que contribuem para percepções melhores e positivas, fazer um compromisso público com relação às mudanças percebidas (deixe que alguém próximo e confiável saiba das suas dores e intenções de mudança, não vá publicar isso nas redes sociais) e por último busque pessoas que possam ajudar de maneira específica e efetiva.

Já percebemos, até aqui, o quanto nosso ambiente é importante e como isso impacta nossas percepções, nossos sentimentos, nossas emoções, nossos julgamentos e nossos merecimentos.

Dessa forma, conseguimos passar para o 3º pilar, que é a capacidade de **tomar decisões**. É um pilar altamente influenciado pelo julgamento e pelo merecimento e inquilino eterno do empreendedor. Mas, quando dominado, proporciona uma mentalidade forte e poderosa.

Existe um mecanismo lógico e prático para tomar decisões em nosso cérebro chamado lobo frontal, que é influenciável pelo ambiente e recebe informações constantemente. Também utilizamos o sistema límbico (emocional), que nos protege de perigos e situações ruins. Eu até concordo que, para tomar uma decisão, é necessário analisar, pensar e logo decidir. Porém, não é bem assim.

A Forbes publicou uma matéria em que se afirma que pensar demais impede de seguir em frente, sujeita a pensamentos em círculos (que nunca saem do lugar) e também a uma dificuldade de confiar em si mesmo (novamente a insegurança). Diferentemente de pensar o ideal é submeter qualquer escolha a uma análise mental rigorosa, executar estratégias, analisar as consequências ocultas e sequenciar movimentos para resolver permanentemente o problema (Castrillon, 2020, *on-line*).

Existe um passo a passo altamente replicável e consistente, segundo Patrick Bet-David (2022), para tomar decisões assertivas: 1. três propostas diferentes para lidar com o problema e tomar decisão, uma será sua escolha para decidir o problema; 2. grau de urgência – quanto mais urgente, maior o desgaste e a prioridade; 3. lista de coisas erradas que poderia acontecer com sua decisão. Por exemplo: um grande prejuízo ou uma grande perda. Caso verifique impossibilidade a partir dessas estratégias, volte à estratégia 1 e escolha outra opção.

Como percebemos, o processamento de questões tem como maior vilã a indecisão e deixar de olhar para decisões que você precisa tomar agora na sua vida pessoal e, como empreendedor, essa não é a melhor estratégia. Constantemente somos assediados com demandas externas, problemas com prestadores de serviço, terceirizados, colaboradores e muito mais. Porém, se não houver uma estrutura em que se consiga tomar decisões direcionadas por meio de uma mentalidade forte, o negócio tende a falir.

É necessário tomar decisões e assumir a responsabilidade desse papel com a consciência de que só acontece o que eu permito. Assim, você seguirá em frente fazendo o seu melhor, com suporte e resiliência.

A partir daqui, é possível entender sobre o 4º pilar, chamado **sucesso**. Algo extremamente relativo e pessoal, porém, muitas vezes negligenciado.

Segundo Grant Cardone (2019), "o sucesso é minha obrigação". Antes de continuar, repita três vezes essa frase.

Empreender é um jogo de desafios diários por meio de muitas soluções para alcançar um sonho específico. O empreendedor precisa estruturar suas metas relacionadas para colocá-las em prática. A grande questão é que muitas vezes os empreendedores não são audaciosos, exatamente por uma mentalidade abalada e pelas características que vimos até aqui muito afetadas. Estabelecem metas pequenas e acabam frustrados pelos baixos resultados – e muitas vezes desistem nos primeiros passos ou aumentam a insegurança para continuar.

É necessário entender que, quanto mais o sucesso é protelado, mais distante ele estará, e cabe a cada um ser audacioso e corajoso diante das grandes descobertas. Somente assim você trará sentido real para sua vida, ao colocar o propósito em prática e descobri-lo cada vez mais ao longo do caminho.

O primeiro passo é estabelecer qual é o sucesso a ser alcançado, lidar com o medo de viver o processo, passar por todas as mudanças necessárias para chegar lá e respeitar o tempo que cada sonho exige para ser realizado. Neste momento da jornada, talvez você esteja sendo preparado para aquilo que sempre sonhou, você já percebeu que fez tudo que era possível, está sempre atento e aparando as arestas, porém agora é necessário o tempo, você é obrigado a esperar de forma ativa, sem perder a consistência, vendo resultado nas pequenas coisas para enfim chegar à sua meta audaciosa.

"O sucesso é sim para mim!". Repita isso três vezes.

Agora você já conhece os quatro pilares de uma mentalidade empreendedora, criados a partir das minhas vivências e que vêm sendo implementados em palestras e mentorias. Coloque-os em prática para colher os benefícios reais de viver uma jornada empreendedora com as melhores crenças, julgamentos bem influenciados, merecimento proporcional aos seus melhores desejos, decisões assertivas e direcionadas para o sucesso que já está batendo à sua porta.

Não posso deixar de convidá-lo para conhecer minha rede social @nevesyara_ para interagir e falar o que achou destas palavras, que têm a intenção de crescimento e prosperidade. Marque no seu *story* ou mande um depoimento. Lá você terá acesso a todo conteúdo gratuito que disponibilizo, também a mentorias, consultorias e palestras, caso queira minha presença um pouco mais próxima. Vejo você lá!

(Referências ao final do livro.)

Medo e insegurança a gente cura com conhecimento.

Yara Neves

REFERÊNCIAS

Alan de Lima

ANDRADE, Walmar. 16 leis que todas as pessoas de sucesso seguem, segundo Napoleon Hill. **MUDE.VC**, [*S.l.*], [*s.d.*]. Disponível em: https://mude.vc/napoleon-hill-lei-triunfo/. Acesso em: 23 maio 2024.

CONHECIMENTO é poder. **Conceitos do mundo**, [*S.l.*], [*s.d.*]. Disponível em: https://conceitosdomundo.pt/conhecimento-e-poder/. Acesso em: 23 maio 2024.

HILL, Napoleon. **A Lei do Triunfo**. Rio de Janeiro: José Olympio, 2014.

SENNA, Sergio. Albert Mehrabian – 93% da comunicação é não-verbal? **Educação Socioemocional**, [*S.l.*], 28 set. 2023. Disponível em: https://ibrale.com.br/albert-mehrabian-93-da-comunicacao-e-nao-verbal/. Acesso em: 23 maio 2024.

Allex Gomes

EKER, T. Harv. **Os segredos da mente milionária.** Rio de Janeiro: Sextante, 2020.

Angélica Pereira

HEER, Dain C. **Sendo você, mudando o mundo**. 2. ed. [*S.l.*]: Access Consciousness Publishing, 2015.

Carolina Mueller

CARNES, Patrick J.; PHILLIPS, Bonnie. **The Betrayal Bond**: Breaking Free of Exploitive Relationships. Deerfiled Beach: Health Communications, 2019.

CLECKLEY, Hervey M.; BECK, Mary. **The Mask of Sanity**. Augusta: Mockingbird Press, 2022.

Cristiano Franco

MALHOTRA, Deepak; BAZERMAN; Max. **Negotiation Genius**: How to Overcome Obstacles and Achieve Brilliant Results at the Bargaining Table and Beyond. [*S.l.*]: Bantam, 2008.

STONE, Douglas; PATTON, Bruce; HEEN, Sheila. **Difficult Conversations**: How to Discuss What Matters Most. [*S.l.*]: Penguin Books, 2010.

Diego U. S. Palacin

SILVA, Josefa da Conceição et al. Criatividade e desenvolvimento do pensamento criativo nos estudos de Torrance, Ostower e Majmutov. **Research, Society and Development**, Itajubá, v. 3, n. 1, p. 19-32, 2016. Disponível em: https://www.redalyc.org/journal/5606/560658994005/html/. Acesso em: 21 maio 2024.

Edmilson Pontes

COELHO, Cleber Duarte. Sêneca e a felicidade. **Ítaca**, Rio de Janeiro, n. 17, p. 10-22, 2011. Disponível em: https://revistas.ufrj.br/index.php/Itaca/article/view/218. Acesso em: 21 maio 2024.

EMMONS, Robert A. **Thanks!:** how the new science of gratitude can make you happier. [*S.l.*]: Houghton Mifflin Harcourt, 2007.

FELICIDADE. **Dr. Lair Ribeiro**, São Paulo, [*s.d.*]. Disponível em: https://lairribeiro.com.br/catalogo/felicidade-2/. Acesso em: 21 maio 2024.

MCGONIGAL, Kelly. **The willpower instinct:** how self-control works, why it matters, and what you can do to get more of it. [*S.l.*]: Your Coach In A Box, 2012.

Ednilse Galego

ATKINSON, William Walker. **O Caibalion**: edição definitiva e comentada. São Paulo: Pensamento, 2018.

Fernanda Gering

FERREIRA, L. L.; SOUZA, F. C. de. Epigenética e seus mecanismos: implicações para a herança epigenética transgeracional. **Revista de Ciências da Saúde**, [*S.l.*], v. 22, n. 2, p. 69-80, 2018.

HELLINGER, Bert. **O amor do espírito.** [*S.l.*]: Atman, 2007.

MACLEAN, Paul D. **The Triune Brain in Evolution:** Role in Paleocerebral Functions. [S.l.]: Springer, 1990.

SILVA, M. J.; SANTOS, E. F. Marcas epigenéticas e herança transgeracional: uma abordagem integrativa. **Cadernos de Saúde Pública**, [*S.l.*], v. 33, n. 2, p. e00158616, 2017.

Jéssica Dalcim

LYRA, Edu. **Da favela para o mundo**. São Paulo: Buzz, 2018.

PINHEIRO, Débora Patrícia Nemer. A resiliência em discussão. **Psicol. Estud.**, Maringá, v. 9, n. 1, p. 67-75, abr. 2004. Disponível em: https://www.scielo.br/j/pe/a/hCkq6FLmry946QGxPWFxsGQ/?format=pdf&lang=pt. Acesso em: 22 maio 2024.

RESILIÊNCIA. **Dicionário Online de Português**, [*S.l.*], [*s.d.*]. Disponível em: https://www.dicio.com.br/resiliencia/. Acesso em: 22 maio 2024.

Judite Conte

HELLINGER, Bert. **A simetria oculta do amor**. 5. ed. São Paulo: Cultrix, 1999.

Leidiane Cruz

ELROD, Hal. **O milagre da manhã**: o segredo para transformar sua vida. [*S.l.*]: BestSeller, 2016.

Lena Mota

BRASILEIROS estão entre os mais vaidosos do mundo. **Meon**, [*S.l.*], 29 abr. 2021. Disponível em: https://www.meon.com.br/diversos/brasileiros-estao--entre-os-mais-vaidosos-do-mundo. Acesso em: 22 maio 2024.

VIEGAS, Nonato. Pesquisa da GfK mostra que brasileiros gastam 4,3 horas por semana cuidando da beleza. **Época**, [*S.l.*], 23 jan. 2016. Disponível em: https://epoca.globo.com/tempo/expresso/noticia/2016/01/pesquisa-da-gfk-mostra-que-brasileiros-gastam-43-horas-por-semana-cuidando-da-beleza.html. Acesso em: 22 maio 2024.

Pâmella Candido

ERREI mais de 9.000 cestas e perdi quase... Michael Jordan. **Pensador**, [*S.l.*], [*s.d.*]. Disponível em: https://www.pensador.com/frase/NDYzMDg4/. Acesso em: 14 maio 2024.

Raquel Pasqua

HAMER, Ryke Geerd. **O testamento de uma Nova Medicina:** Parte I. [*S.l.*]: [*s.n.*], 2014.

PEIXOTO, Ana Beatriz. **5 Leis Biológicas** (curso *on-line*). 2021. Disponível em: https://institutoanapeixoto.com.br/5-leis-biologicas/. Acesso em: 22 maio 2024.

Ricardo Roberti

KELLY McGonigal: Como fazer do estresse um amigo. [*S. l.: s. n.*], 4 set. 2013. 1 vídeo (14min28s). Publicado pelo canal TED. Disponível em: https://www.youtube.com/watch?v=RcGyVTAoXEU&t=307s. Acesso em: 23 maio 2024.

SANTANA, Eduardo. Segundo OMS, 90% da população mundial sofre com estresse. **Tribuna**, Curitiba, 12 fev. 2012. Disponível em: https://www.tribunapr.com.br/arquivo/vida-saude/segundo-oms-90-da-populacao-mundial-sofre-com-estresse/. Acesso em: 23 maio 2024.

Thayse Lima Costa

DR. AISHA GAMAWA. **"Having a Vision: Unlocking the Power Within"**. [*S.l.*]. 24 abr. 2024. Instagram: @isha_phd. Disponível em: https://www.instagram.com/reel/C6KneqrCS5v/?igsh=NWg1M2FmY2Y2bGl6. Acesso em: 22 maio 2024.

Viviane Oliveira

WANG, Bing. **Princípios de Medicina Interna do Imperador Amarelo**. [*S.l.*]: Ícone, [*s.d.*]. ISBN: 978-85-274-0626-0.

WILHELM, Richard. **I Ching:** o livro das mutações. [*S.l.*]: Pensamento, 2005. (Prefácio de C. G. Jung).

Yara Neves

BET-DAVID, Patrick. **As suas próximas 5 jogadas.** São Paulo: Alta Books, 2022.

CARDONE, Grant. **10x:** a regra que faz a diferença entre o sucesso x fracasso. Rio de Janeiro: Alta Books, 2019.

CASTRILLON, Caroline. 5 sinais de que você está pensando demais nas decisões de sua carreira. **Forbes**, [*S.l.*], 12 maio 2020. Disponível em: https://forbes.com.br/carreira/2020/05/5-sinais-de-que-voce-esta-pensando-demais-nas-decisoes-de-sua-carreira/#foto5. Acesso em: 23 maio 2024.

KLECK, R. E.; STRENTA, A. Perceptions of the impact of negatively valued physical characteristics on social interaction. **Journal of Personality and Social Psychology,** [*S.l.*], v. 39, n. 5, p. 861–873, 1980. Disponível em: https://doi.org/10.1037/0022-3514.39.5.861. Acesso em: 23 maio 2024.

MERECIMENTO. **Dicionário Online de Português**, [*S.l.*], [*s.d.*]. Disponível em: https://www.dicio.com.br/merecimento/. Acesso em: 1º jan. 2024.

WILLIAMS, Mark; PENMAN, Danny. **Atenção plena:** mindfulness: como encontrar a paz em um mundo frenético. Trad. Ivo Korytowski. Rio de Janeiro: Sextante, 2015.

ANOTAÇÕES

ANOTAÇÕES

ANOTAÇÕES